# Gebäudereinigung kompakt

Grundlagenwissen für die Praxis

5., erweiterte Auflage 2023


Lektorat: Achim Sacher, Holzmann Medien | Buchverlag
Layout und Satz: Markus Kratofil, Holzmann Medien | Buchverlag
Druck: Druckerei Steinmeier, Deiningen
Umschlag: © Bernd Kröger/Fotolia.de
S. 124: © kornetka | stock.adobe.com

Artikel-Nr. 1608.05
ISBN: 978-3-7783-1690-0

Mit der vorliegenden Überarbeitung von Band 1 der Ratgeberreihe „Gebäudereinigung kompakt“ liegen die theoretischen Grundlagen zum Basiswissen der Praxis vor, das mit Band 2 „Schritt-für-Schritt-Anleitungen in Wort und Bild“ geschaffen wurde. Den Neulingen und Quereinsteigern in der Gebäudereiniger-Branche werden damit kurz und leicht verständlich die wichtigsten Grundlagen der Gebäudereinigung nähergebracht.

In den jeweiligen Objekten sind häufig Gegebenheiten vorzufinden, die nicht in einem Fachbuch dargestellt werden können. Dazu sind die Kombinationsmöglichkeiten von Werkstoffen und die Neuentwicklungen von Werkstoffen zu vielfältig. Prüfe daher immer, ob der Werkstoff von dir richtig benannt werden kann und ob die von dir gewählte Reinigungsmethode den geforderten Ansprüchen genüge leistet.

Prüfe in jedem Fall an verdeckter Stelle, ob die von dir gewählte Reinigungsmethode das geforderte Ziel erfüllen wird, ohne Materialbeschädigungen hervorzurufen. Betrachte und verwende den vorliegenden Band der Ratgeberreihe als wichtiges Hilfsmittel in der Ausführung deiner Arbeiten, vergiss jedoch nicht die Verantwortung, die du selber bei der Ausführung deiner Arbeiten gegenüber deinem Kunden, deinen Arbeitskollegen und den in deinem Objekt verbauten Werkstoffen trägst!

## Danksagung

An dieser Stelle möchte ich mich bei allen Personen bedanken, die maßgeblich zur Fertigstellung des vorliegenden Bandes 1 der Ratgeberreihe „Gebäudereinigung kompakt“ beigetragen haben: Herrn Roland Bischoff, Geschäftsführer Bischoff & Team GmbH, der mich in vielen Gesprächen unterstützt hat und mich mit seinen Nachfragen immer wieder motiviert hat, das Buchprojekt weiter voran zu bringen. Meiner Tochter und meiner Partnerin, die häufig auf mich verzichten mussten und mir viel Zeit geopfert haben, um das Buchprojekt zeitnah beenden zu können. Frau Marlene Lemmen, Herrn Andre Methner und Herrn Marco Sperber für die vielen Fachgespräche: Sie haben mir immer wieder deutlich gemacht, welche Themenbereiche es besonders zu verdeutlichen gilt.

# 1. Schmutzarten

1.1 Lose aufliegende Verschmutzungen
1.2 Haftende Verschmutzungen
1.3 Stark haftende Verschmutzungen
1.4 Migrationen

Als Schmutz wird im Allgemeinen eine unerwünschte Substanz bezeichnet, die eine andere Substanz in der Optik beeinträchtigt. Die Beeinträchtigung der Optik kann dabei durch loses Aufliegen, Anhaften oder durch eine Veränderung der Oberfläche erfolgen. Der Schmutz kann in fester, halbfester oder flüssiger Form vorliegen.

**Schmutz ist unerwünschte Materie auf einem Werkstoff. Zur Reinigung ist diese Materie zu entfernen. Der Zustand nach der Schmutzentfernung wird als gereinigt/sauber bezeichnet.**

Je nach Verschmutzungsart ist die entsprechende Reinigungsmethode, das Reinigungsmaterial und die Reinigungschemie abzustimmen, um mit geringstmöglichem Arbeitsaufwand das bestmögliche Reinigungsergebnis zu erzielen, ohne dabei den Werkstoff zu beschädigen.

## 1.1 Lose aufliegende Verschmutzungen

Als lose aufliegender Schmutz wird Schmutz bezeichnet, der in der Regel durch Kehren, Kehrsaugen oder durch Staub bindendes Feuchtwischen entfernt werden kann.

Beispiele für lose aufliegenden Schmutz:

- **Grobschmutz:**

**Zigarettenkippen, Sand, Steinchen, Zeitungen, Papier, Zigarettenschachteln, Blätter etc. Entfernung durch Kehren oder Kehrsaugen.**

- **Feinschmutz:**

**Staub, Wollmäuse, Haare etc. Entfernung durch Trockenmoppen, Staub bindendes Wischen mittels Staubbindetücher oder durch Feuchtwischen.**

(Foto: Hintze)

Lose aufliegender Schmutz in Form von Wollmäusen und Staub auf einem elastischen Bodenbelag im Bereich einer Umkleidekabine.

## 1.2 Haftende Verschmutzungen

Als haftende Verschmutzung wird Schmutz bezeichnet, der in der Regel durch elektrostatische Kräfte, Adhäsionskräfte, mechanische Verankerung oder chemische Oberflächenveränderung an einem Werkstoff anhaftet. Haftende Verschmutzungen können im Rahmen der Unterhaltsreinigung mittels zweistufigem Wischen oder dem Einsatz eines Scheuersaugautomaten wieder entfernt werden.

Je nach Art der Verschmutzung und der Oberflächenbeschaffenheit kann es ratsam sein, durch die Auswahl eines geeigneten Borstenmopps oder beim Einsatz eines Scheuersaugautomaten durch die Wahl eines geeigneten Maschinenpads die mechanische Reinigungsleistung zu erhöhen.

Haftende Verschmutzungen können sein:

**Getränkeflecken auf Hartbodenbelägen oder elastischen Bodenbelägen, Honig, Zucker, Kaffee.**

**Entfernung durch Nasswischen, einstufig oder zweistufig** (siehe auch Band 2 der Ratgeberreihe, „Gebäudereinigung kompakt – Schritt-für-Schritt-Anleitungen in Wort und Bild“, Seite 56 ff.).

(Foto: Hintze)

Haftende Verschmutzung in Form eines Kaffeeflecks auf einem elastischen Bodenbelag im Bereich einer Verwaltung.

## 1.3 Stark haftende Verschmutzungen

Als stark haftende Verschmutzung wird Schmutz bezeichnet, der in der Regel durch elektrostatische Kräfte, Adhäsionskräfte, mechanische Verankerung oder chemische Oberflächenveränderung an einem Werkstoff stark anhaftet. Stark haftende Verschmutzungen können im Rahmen einer Grundreinigung mittels einem auf den Bodenbelag abgestimmten Grundreiniger und entsprechender Mechanik (Einscheibenmaschine mit geeignetem Pad) wieder entfernt werden.

Stark haftende Verschmutzungen können sein:

**Teer, Wachs, Kaugummi, Ölschmutz, Fettschmutz, Kalk oder Braunstein.**

**Entfernung durch Grundreinigung und geeignetem Reinigungsmittel.**

(Foto: Hintze)

Stark haftende Verschmutzung in Form von Öl- und Fettverschmutzungen im Treppenhaus eines metallverarbeitenden Produktionsbetriebes auf einem Betonwerkstein im Bereich zwischen Produktion und Verwaltung.

## 1.4 Migrationen

Als Migration wird der Fall bezeichnet, der in der Regel durch Massentransport von Stoffen hervorgerufen wird. Hierbei wandert eine Substanz in die andere ein. Migrationen lassen sich durch Reinigungsarbeiten in der Regel nicht wieder entfernen. Migrationen lassen sich jedoch durch eine Trennschicht verhindern.

Die häufigsten Migrationen sind:

**Einwandern von Rußpartikeln aus Autoreifen in elastische Bodenbeläge von Autohäusern oder sonstigen Ausstellungsflächen zu Präsentationszwecken.**

**Als Trennschicht können eingesetzt werden: Pappunterleger, Glasuntersetzer, Reste des verlegten Bodenbelages. Wichtig beim Einsatz der Trennschichten/Unterleger ist, dass jegliche Kontaktpunkte vermieden werden.**

(Foto: Hintze)

Migration in der Form eines Autoreifens, der zu Dekorationszwecken im Bereich eines Kaufhauses ohne Trennschicht aufgestellt wurde.

# 2. Reinigungstechnik

2.1 Kehren
2.2 Kehrsaugen
2.3 Kehren mit Kehrmehl
2.4 Wischen
- Nebelfeucht Wischen
- Feuchtwischen
- Einstufiges Wischen
- Zweistufiges Wischen

2.5 Nassscheuern
2.6 Scheuersaugen
2.7 Polieren

Als Reinigungstechnik wird die Art der Reinigungsdurchführung bezeichnet.
In der Regel wird die Art der Reinigungstechnik durch die zum Einsatz kommenden Gerätschaften in deren Durchführung definiert.
Das Zusammenspiel verschiedener Arbeitsfolgen soll eine möglichst effektive Reinigung zum Ziel haben, ohne Mensch und Material zu schädigen.
Hierzu ist vor Reinigungsaufnahme die entsprechende Reinigungstechnik beim Anlegen einer Musterfläche zu wählen.

## 2.1 Kehren

Kehren ist eine mechanische Entfernung von lose aufliegendem Grob- und Feinschmutz mittels verschiedener Gerätschaften.

Man unterscheidet hier zwischen mechanischem Kehren mit

- Besen
- Kehrgarnitur (Handfeger und Kehrschaufel).

Der Schmutz wird nach dem Zusammenbringen aufgenommen und entsorgt.

Maschinelles Kehren mit

- handgeführte Kehrmaschine
- Aufsitzkehrmaschine

Der Schmutz wird während des Kehrvorganges gleichzeitig in einem Schmutzfangbehältnis gesammelt und anschließend entsorgt.

**Beispiele für die Durchführung von Kehren zur Aufnahme von Papierschnitzeln, Wollmäusen, Sand, Holzspäne, Blättern etc.**

(Foto: Haaga)

Kehren mit handgeführter Kehrmaschine zur Entfernung von Grobschmutz.

## 2.2 Kehrsaugen

Als Kehrsaugen bezeichnet man die mechanische Aufnahme von lose aufliegendem Grob- und Feinschmutz mittels elektrischer Saugvorrichtung aus verschiedenen Gerätschaften:

- Staubsauger
- Kehrsaugmaschine
- Aufsitzkehrmaschine

Beim Kehrsaugen wird nahezu staubfreies Kehren ermöglicht, da neben dem Transport des Grobschmutzes in das Transportbehältnis die vorhandenen Staubpartikel gleichzeitig abgesaugt werden und in einem Filterbeutel gesammelt werden.

**Das Kehrsaugen wird in der Regel dort eingesetzt, wo große Flächen (Verkehrsflächen im Außenbereich: Parkplatz, Gehwege, Parkgaragen, Hallen) von Grobschmutz (Zigarettenkippen, Papiertaschentücher, Zeitungen, Laub etc.) schnellstmöglich befreit werden müssen.**

(Foto: Nilfisk Advance)

Schematische Darstellung einer Aufsitzkehrmaschine zum Kehrsaugen von Großflächen.
Die oben dargestellte Maschinenform wird häufig im Bereich von großen Lagerflächen, Parkgaragen und Parkplätzen eingesetzt.

## 2.3 Kehren mit Kehrmehl

**Diese Reinigungstechnik wird unter der Zuhilfenahme von Kehrmehl durchgeführt. Beim Kehren mit Kehrmehl wird Feinstaub in den feuchten Kehrkörpern des Kehrmehls gebunden. Dabei kann beim Einsatz eines entsprechenden Kehrmehls die gleichzeitige Pflege des Bodens erfolgen. Wichtig beim Einsatz von Kehrmehl ist das Aufbringen in einer Linie, um die gesamte Bodenfläche kehren zu können und das Austrocknen des Kehrmehls zu vermeiden.**

Man unterscheidet:

- **Wachskehrmehle**

  Wachshaltiges Kehrmehl, in der Regel rot eingefärbt, zum Kehren von lösemittelbeständigen Fußbodenbelägen: **Holz-, Steinholz-, Linoleumbeläge.**

- **Emulsionskehrmehle**

  Meist blau eingefärbtes Kehrmehl. Enthält in der Regel lösemittelfreie Wachsemulsionen und ist geeignet für: **alle Belagsarten außer unversiegelte Holzböden!**

- **Ölkehrmehle**

  Enthalten nicht verharzende Öle, meist grün eingefärbt. Sie können auf allen lösemittelbeständigen Bodenbelägen eingesetzt werden, besonders geeignet für: **Steinholz- und Zementestrichbeläge.**

- **Neutralkehrmehle**

  Kehrmehle, meist gelb eingefärbt, mit Zusatz von reinigungsaktiven Substanzen, in der Regel Seifen. Neutralkehrmehle werden auf allen wasserbeständigen Oberflächen eingesetzt: **Holz-, Steinholz-, Linoleumbelägen.**

(Fotos: Hintze)

**Achtung!**
**Kehrmehle müssen fachgerecht entsorgt werden!**

## 2.4 Wischen

Wischen bezeichnet im Allgemeinen das Bearbeiten einer Oberfläche mittels Reinigungstextil. Je nach Art des Wischens unterscheidet sich der Feuchtigkeitsgehalt des Reinigungstextils, so wie das gewählte Reinigungsmittel und Reinigungssystem.

Die Wischart ist zur Vermeidung von Schäden dem Bodenbelag und der Oberflächenbeschaffenheit des zu reinigenden Werkstoffes anzupassen.

Es werden folgende Wischarten unterschieden:

- Nebelfeucht Wischen
- Nasswischen
- Einstufiges Wischen
- Zweistufiges Wischen

In Abhängigkeit zur gewählten Wischart steht das entsprechende Ergebnis. Das bedeutet, dass das gewählte Wischverfahren in zweiter Linie dem zu entfernendem Schmutz anzupassen ist, um ein zufriedenstellendes Ergebnis zu erzielen.

## ■ Nebelfeucht Wischen

Als nebelfeuchtes Wischen bezeichnet man ein Staub bindendes Wischen mittels vorgefertigten Tüchern, in der Regel gebrauchsfertig gelieferte Gazetücher. Das nebelfeuchte Wischen bezeichnet mehr den Feuchtigkeitsgehalt des Reinigungstextils als die Reinigungsmethode selber. Den Feuchtigkeitsgehalt eines Reinigungstextils, das nach dem Schleudervorgang mit 1.000 upm die Waschmaschine verlässt, wird als nebelfeucht bezeichnet. Der Boden ist nach dem Übergleiten mit dem Reinigungstextil unverzüglich trocken. Ziel ist die Vermeidung von aufgewirbeltem Staub und die Entfernung von losem Schmutz und Staub.

**Das nebelfeuchte Wischen wird in der Regel auf empfindlichen glatten Bodenbelägen, zum Beispiel auf unbehandelten Holzoberflächen, eingesetzt, oder bei Bodenflächen mit geringer Verschmutzung, um eine hohe Flächenleistung zu erzielen** (siehe auch Band 2 der Ratgeberreihe, „Gebäudereinigung kompakt – Schritt-für-Schritt-Anleitungen in Wort und Bild“, Seite 51 ff.).

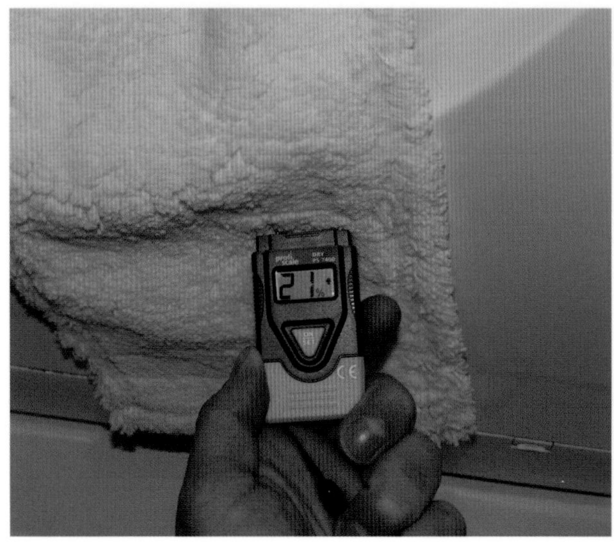


(Foto: Hintze)

Messung des Feuchtigkeitsgehaltes eines **Mikrofaserbezuges** mit Feuchtigkeitsmessgerät nach dem Schleudervorgang in einer handelsüblichen Waschmaschine mit 1.000 upm.

Wie die Messung des Feuchtigkeitsgehaltes zum verwendeten Reinigungstextils steht, zeigt das Beispiel auf der folgenden Seite. Die auf den Fotos dargestellten Messwerte stellen daher nur einen Näherungswert dar.

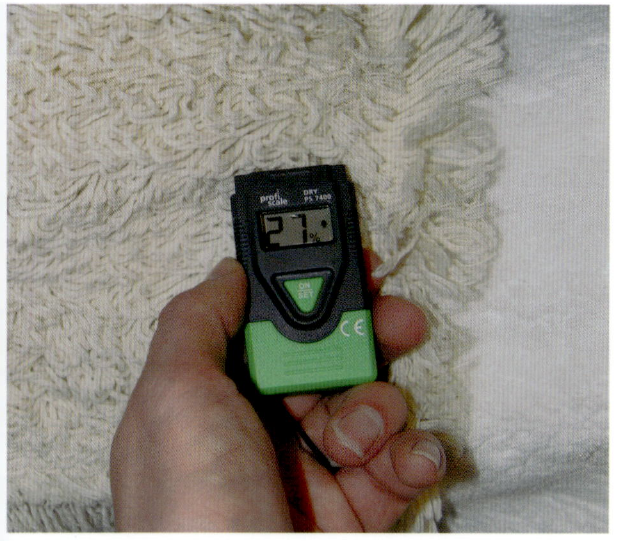


(Foto: Hintze)

Messung des Feuchtigkeitsgehaltes eines **Baumwollbezuges** mit Feuchtigkeitsmessgerät nach dem Schleudervorgang in einer handelsüblichen Waschmaschine mit 1.000 upm.

## ▪ Nasswischen

Als Nasswischen bezeichnet man das manuelle Entfernen von haftenden Verschmutzungen und sonstigem aufliegendem Schmutz mittels Breitwischgerät und entsprechend geeignetem Reinigungstextil (in der Regel Mikrofasermopps). Der Schmutz wird an das nasse Textil gebunden und entfernt.

Das Nasswischen wird mittlerweile unterschieden in

- einstufiges Wischen
- zweistufiges Wischen

Die gewählte Nasswischmethode wird vor allem durch den Faktor Zeit bestimmt. Einstufiges Wischen ist weniger zeitintensiv, erzielt aber nicht das gleiche Ergebnis wie beim zweistufigen Wischen, das vor allem bei stärkeren Verschmutzungen dem einstufigen Wischen vorzuziehen ist.

## ■ Einstufiges Wischen

Unter einstufigem Wischen versteht man das manuelle Entfernen von leicht haftendem Schmutz mit Wasser und Reinigungsmittel, mit dem Ziel leicht haftenden Schmutz in einem Arbeitsgang vom Boden zu lösen und gleichzeitig zu entfernen. Der verbleibende Feuchtigkeitsfilm trocknet auf. Beim einstufigen Wischen ist vor allem auf die korrekte Dosierung des gewählten Reinigungsmittels zu achten, um Rückstände, die sich in Form von Wischspuren auf den Werkstoffoberflächen wiederfinden lassen, zu vermeiden.

Ein regelmäßiges Wechseln des Reinigungstextils verbessert oftmals das Ergebnis nachhaltig.

**Das einstufige Wischen eignet sich vor allem für feuchtigkeitsempfindliche Oberflächen mit geringer Verschmutzung: Holzoberflächen, Doppelböden.**

## ■ Zweistufiges Wischen

Klassisches Verfahren zur manuellen Entfernung von haftenden Verschmutzungen mit Wasser und Reinigungsmittel mit dem Ziel, den haftenden Schmutz vom Boden zu lösen und zu entfernen. Der verbleibende Feuchtigkeitsfilm wird mit einem zweiten trockenen Reinigungstextil aufgenommen. Der Bodenbelag ist danach trocken.

Das zweistufige Nasswischen findet heute nur noch sehr wenig Anwendung, da der Zeitfaktor für den zweiten Arbeitsgang, die Aufnahme der restlichen Schmutzflotte mit trockenem Reinigungstextil in der Kalkulation zu wenig Beachtung findet.

**Zweistufiges Nasswischen kann auf allen feuchtigkeitsunempfindlichen Bodenbelägen angewandt werden, wie beispielsweise Feinsteinzeugböden, beschichtete elastische Bodenbeläge, Keramikfliesen.**

## 2.5 Nassscheuern

Mechanisches und chemisches Lösen von stark haftendem Schmutz auf großen Flächen mit Einscheibenmaschine, geeigneter Bürste, Scheuerpad oder Ähnlichem. Die Schmutzflotte wird anschließend mit Nasssauger abgesaugt. Auf kleineren Flächen kommen beim Nassscheuern Handpads und Schrubber zur Anwendung. Die Schmutzflotte wird meistens mittels Wasserschieber und Tüchern aufgenommen. Der Bodenbelag ist danach frei von jeglichen haftenden und losen Verschmutzungen. Voraussetzung für ein gutes Ergebnis ist neben der Wasserbeständigkeit des zu bearbeitenden Werkstoffes ebenso die Wahl der eingesetzten Reinigungschemie in Verbindung mit der gewählten Mechanik. Auch hier ist es unabdingbar, vor Aufnahme der Reinigungsarbeiten einen Test/eine Musterfläche an verdeckter Stelle vorzunehmen bzw. anzulegen.

**Nassscheuern wird eingesetzt, um stark haftende Verschmutzungen zu entfernen, wie beispielsweise eingetrocknete Lebensmittelrückstände, Ölrückstände in Werkstattbereichen, Kaugummis etc.**

(Foto: Hintze)

Nassscheuern eines Betonwerkstein mittels Einscheibenmaschine, grünem Maschinenpad und geeignetem Reinigungsmittel zum Entfernen der Öl- und Fettverschmutzungen im Treppenhaus eines metallverarbeitenden Produktionsbereiches.

## 2.6 Scheuersaugen

Als Scheuersaugen bezeichnet man das mechanische und chemische Lösen von stark haftenden Verschmutzungen mittels Scheuersaugautomaten. Die Schmutzflotte wird in einem Arbeitsgang abgesaugt. Eine Randbearbeitung muss manuell erfolgen. Der Bodenbelag ist nach der Reinigung frei von jeglichen Verschmutzungen und aufgrund der gleichzeitigen Absaugung sofort wieder begehbar.

Voraussetzung für ein gleichbleibend gutes Ergebnis beim Scheuersaugen ist die zweckmäßige Pflege der eingesetzten Reinigungsmaschine durch den Bediener. Hierzu zählen neben regelmäßiger Reinigung des Frisch- und Schmutzwassertanks auch die Reinigung des Saugfußes sowie die Kontrolle der eingesetzten Reinigungsbürsten oder Maschinenpads; ebenso deren Erneuerung je nach Bedarf.

**Scheuersaugen findet seine Anwendung vor allem auf großen Flächen, wie sie beispielsweise in Kaufhäusern und Supermärkten anzutreffen sind, Sporthallen sowie langen Gängen in Verwaltungsbereichen etc.**

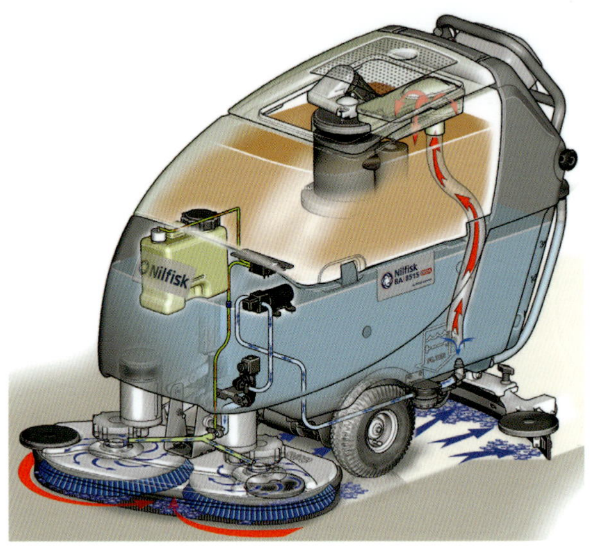


(Foto: Nilfisk Advance)

Schematische Darstellung eines Scheuersaugautomaten zum Scheuern und anschließendem Aufsaugen der Schmutzflotte (hier dargestellt durch rote Pfeile), eingesetzt zur Reinigung von großen Verkehrsflächen.

## 2.7 Polieren

In der Gebäudereinigung bezeichnet man als Polieren (früher auch „Bohnern“ genannt) den meist maschinellen Vorgang der Entfernung von Verkehrsspuren auf einem polierfähigem Bodenbelag der vorher mit einem Pflegefilm geschützt wurde. Durch das Polieren wird die Oberfläche von Begehspuren gesäubert und die Widerstandsfähigkeit des Pflegefilms erhöht. Gleichzeitig wird der Glanzgrad durch Glättung erhöht. Die Verbesserung der Optik führt zu einer höheren Kundenzufriedenheit und kann mit verschiedenen Reinigungstechniken, zum Beispiel dem Saugbohnern, kombiniert werden. Das klassische Polieren, bei dem mechanisch Oberflächenunebenheiten abgetragen werden, findet in der Gebäudereinigung seit Einführung von Diamantbedampften Maschinenpads ebenfalls seine Anwendung.

**Das Polieren findet seine Anwendung meist in Bereichen, die einen repräsentativen Charakter haben, wie beispielsweise Verwaltungsobjekte, Mehrzweckräume etc.**

(Foto: Nilco)

Darstellung einer Ultra-High-Speed-Maschine zum schnellen Polieren von Verkehrsflächen. Der federgelagerte Treibteller ermöglicht einen möglichst gleichmäßigen Anpressdruck zum Polieren. Um die Poliermaschine leichter führen zu können, verfügen Poliermaschinen in der Regel über zusätzliche Gleitrollen, um die Bewegungen der Poliermaschine koordinieren zu können.

# 3. Materialkunde





In der Materialkunde werden die Werkstoffgruppen behandelt, auf die der Gebäudereiniger am häufigsten in seinen Objekten trifft. Es ist allerdings zu beachten, dass in allen Bereichen der Werkstoffe, sei es in der Bearbeitung der Oberflächen, wie auch in der Entwicklung von neuen Werkstoffen ständig zu Neuerungen kommt.

Es ist daher unabdingbar, vor der Aufnahme von Reinigungsarbeiten die entsprechenden Reinigungsempfehlungen mit den beim Anlegen von Musterflächen gewonnenen Erkenntnissen zu erweitern, um ein bestmögliches Reinigungsergebnis erzielen zu können.

## 3.1 Glas

Glas ist lichtdurchlässig, zerbrechlich und kratzempfindlich. Glas ist weitestgehend gegenüber Chemikalien resistent. Ausnahme bildet hier die Flusssäure.

Glas besteht aus:

- Quarzsand (glasbildender Rohstoff)
- Soda (Flussmittel, Katalysator zur Schmelze des Quarzsandes)
- Kalk (verleiht dem Glas Härte, Glanz und Haltbarkeit)
- sonstiges, z. B. Farbstoffe (Farbgebung)

**Glas findet in Gebäuden mittlerweile neben der klassischen Nutzung als Fensterglas auch seine Anwendung in Form von Dachkonstruktionen, Witterungsschutz, Fassadenverblendung, Zwischenelementen und als Bodenbelag.**

Wenn Glas als Bodenbelag verwendet wird, hat sich in der Praxis der Einsatz eines Alkoholreinigers (in geringer Konzentration) in Verbindung mit einer absolut hochwertigen Mikrofaser bewährt.

## 3.2 Elastische (nichttextile) Bodenbeläge

Als elastische Bodenbeläge werden Bodenbeläge bezeichnet, die maschinell hergestellt werden, in der Regel Farbpigmente enthalten, großflächig verlegt werden können und nicht textilen Ursprungs sind. Elastische Bodenbeläge sind weitestgehend feuchtigkeitsresistent. Linoleumböden haben hierbei noch den Vorteil, dass sie feuchtigkeitsregulierend sein können.

**In der Regel bezeichnet man folgende Bodenbeläge als elastische Bodenbeläge: PVC-, Polyoleofin, Linoleum- und Elastomerbeläge (Gummibeläge).**

Elastische Bodenbeläge sind in allen Objektbereichen anzutreffen und sollen nach Möglichkeit durch eine Beschichtung vor zu starker Abnutzung geschützt werden. Zur Feststellung der elastischen Bodenbelagsart wird die so genannte „Brennprobe" mittels Kupferdraht an verdeckter Stelle durchgeführt. Hierzu kann wie in der nachfolgenden Tabelle beschrieben vorgegangen werden.

| Merkmale | Linoleum |
|---|---|
| **Eindrücken des Kupferdrahtes** | Belag schmilzt an der Oberfläche nicht, aber Entstehung einer verkohlten Lochstelle |
| **Verhalten der Flamme** | rußende, gelbliche Flammenbildung |
| **Geruch beim Verbrennen** | verbrennendes Holz, Geruch von Leinöl |

| Merkmale | PVC |
|---|---|
| **Eindrücken des Kupferdrahtes** | schmelzen des Belages, Lochbildung mit Wulst, fadenziehend beim Hinausgleiten des Kupferdrahtes |
| **Verhalten der Flamme** | brennt rußend |
| **Geruch beim Verbrennen** | stechender Geruch |

| Merkmale | Elastomere |
|---|---|
| **Eindrücken des Kupferdrahtes** | kein schmelzen der Oberfläche, keine Lochstelle |
| **Verhalten der Flamme** | rußende Flammenbildung |
| **Geruch beim Verbrennen** | nach verbranntem Gummi |

| Merkmale | Polyolefine |
|---|---|
| **Eindrücken des Kupferdrahtes** | schmilzt an der Oberfläche, Lochstelle mit Wulstbildung, fadenziehend beim Hinausgleiten des Kupferdrahtes |
| **Verhalten der Flamme** | brennt unruhig/flackernd |
| **Geruch beim Verbrennen** | nach verbranntem Wachs |

## 3.3 Textile Bodenbeläge

Textile Bodenbeläge sind faserige Bodenbeläge aus Natur- oder Kunstfasern. Sie bestehen aus einer Nutzschicht und einer Trägerschicht, der Unterseite des textilen Bodenbelages.

**Textile Bodenbeläge sind Teppichböden, Teppiche und Läufer, aus Nadelfilz, gewebten Fasern, beflockten, getuften oder gewebten Materialien.**

Zur Reinigung von textilen Bodenbelägen sollten tensidfreie Reinigungsmittel zum Einsatz kommen, um eine schnelle Wiederanschmutzung zu verhindern. Vor Aufnahme der Reinigungsarbeiten ist zu prüfen, um welche Faserart es sich handelt, ob der textile Bodenbelag farbecht ist und somit ein „Ausbluten“ während des Reinigungsvorgangs vermieden werden kann. Das Reinigungsmittel ist entsprechend der Faserart zu wählen, um Schäden zu vermeiden.

Zur Reinigung von textilen Bodenbelägen werden in der Unterhaltsreinigung Staub- und Bürstsauger verwendet.

## 3.4 Natursteine

Als Naturstein bezeichnet man die in der Natur vorkommenden Gesteinsarten, die ihre Verwendung als Bodenbeläge oder Fassadenverblender finden.

Natursteine werden gemäß ihrer Eigenschaften unterschieden.

Zu den **säurebeständigen** Natursteinen gehören **Granit, Gneis, Quarzit und Porphyr.**

Zu den **säureempfindlichen** Natursteinen gehören **Marmor, Jura, Muschelkalk, Travertin und Solnhofer Platten.**

Natursteine werden in unterschiedlichen Oberflächenbeschaffenheiten gemäß ihrer Verwendung verlegt:

- spaltrau
- gesägt
- sandgestrahlt
- geschliffen
- poliert

Bei der Reinigung von Natursteinen sollten neben den Eigenschaften ebenfalls die Oberflächenbeschaffenheit Beachtung finden.

- **Polierte Natursteine:**

**Reinigung mittels Alkoholreiniger, um Rückstände von Pflegesubstanzen zu vermeiden.**

- **Raue Natursteine:**

**Einsatz von Seifenreinigern zum Schutz der Oberfläche vor zu schnellem Eindringen von Verschmutzungen in die Oberfläche.**

- **Kalkhaltige Natursteine:**

**Verzicht auf saure Reinigungsmittel! Auch nicht zur Zementschleierentfernung!**

## 3.5 Kunststeine

Als Kunststeine werden mineralische oder harzgebundene Werkstoffe bezeichnet, die mit Gesteinszuschlägen von Sand und zerbrochenen Natursteinen hergestellt wurden.

Kunststeine finden als Boden- und Wandbeläge Verwendung. Kunststeine werden in Platten gelegt, sind verschiedenfarbig und können geschliffen oder poliert werden. Kunststeine sind aufgrund der verwendeten mineralischen Bindemittel säureempfindlich. Zementschleier sollte daher möglichst abrasiv oder mechanisch entfernt werden, um Schädigungen zu vermeiden.

Die am häufigsten anzutreffenden Kunststeine sind **Agglomarmor und Betonwerkstein.**

Gute Ergebnisse bei der Aufbereitung von Kunststeinen werden in der Gebäudereinigung mittels diamantbedampfter Maschinenpads erreicht.

## 3.6 Feinsteinzeugfliesen

Zur Herstellung von Feinsteinzeugfliesen wird Ton, Quarz und Feldspat sehr fein vermahlen und bei ca. 1.250 °C gebrannt. Hierdurch entsteht ein hoch dichtes und vollständig durchgesintertes Material mit einer Wasseraufnahme unter 0,1 %. Feinsteinzeug ist frostbeständig und aufgrund seiner Härte für stark frequentierte Bereiche gut geeignet. Die Oberfläche von Feinsteinzeugfliesen ist mikroporös.
Diese mikroporöse Oberfläche wirkt sich auf die Reinigung problematisch aus, weil feinste Schmutzpartikel in die Oberflächenstruktur eindringen, die sich mit herkömmlichen Reinigungstextilien oder Borstenerzeugnissen nicht entfernen lassen.
Man spricht hierbei von einer Vergrauung der Oberfläche.

Um eine Vergrauung zu vermeiden, sollte eine Grundreinigung gemäß „Gebäudereinigung kompakt“ durchgeführt werden oder in der Unterhaltsreinigung der Einsatz von Spezialpads (beispielsweise das Julipad der Firma Dolly) gewählt werden (siehe auch Band 2 der Ratgeberreihe, „Gebäudereinigung kompakt – Schritt-für-Schritt-Anleitungen in Wort und Bild“, Seite 72 ff.).

(Foto: Hintze)

Entfernung der Vergrauung von einer Feinsteinzeugfliese im Eingangsbereich einer Wohnanlage mittels Kombinationspad Fa. Dolly.

## 3.7 Metalle

Metalle finden in der modernen Architektur von Gebäuden eine vielfältige Anwendung. Neben den klassischen Fassadenverblendungen finden sich immer häufiger auch Metalle im Innenbereich von Gebäuden als Schutzelemente von Wänden, Aufzugwänden oder Bodeneinlegern. Metalle werden roh, poliert oder organisch beschichtet angebracht. Eine Besonderheit nimmt beschichtetes Metall ein, wodurch eine Schutzschicht erzeugt wird, um eine Verwitterung der Metalle zu verhindern. Diese Schutzschicht ist anzutreffen bei anodisiertem Aluminium, ELOXAL und beim so genannten Cortonstahl.

Zur Reinigung von organisch beschichteten Metallfassaden:

- Nur Neutralreiniger verwenden.
- Kombinationsprodukte aus Reiniger und Politur sind sehr gut geeignet.
- Auspolieren aufgrund der großen Flächen anspruchsvoll.

## 3.8 Holz

Aufgrund seiner positiven Eigenschaften in Bezug auf Haltbarkeit, Optik und Umweltverträglichkeit kommt Holz seit einigen Jahren in unterschiedlichen Formen wieder vermehrt als Bodenbelag zum Einsatz. Wichtigstes Unterscheidungsmerkmal für den Gebäudereiniger ist hier die Oberflächenbeschaffenheit des Holzes.

### Unversiegeltes Holz

Naturholz, gebeizt, gebrannt, geräuchert, gewachst, mattiert, geölt und poliert;
Feuchtigkeitsempfindlich.

(Foto: Hintze)

## Versiegeltes Holz

Mit Versiegelungslack versiegeltes, lasiertes oder imprägniertes Holz;
empfindlich gegenüber mechanischen Reinigungsmitteln.

Versiegeltes Holz sollte im Feuchtwischverfahren mittels Neutralreiniger gereinigt werden.

## Laminat

Mit Melaminharz überzogene Holzfaserplatten, die mit einem Foto belegt wurden; besonders an den Fugen feuchtigkeitsempfindlich. Zur Reinigung von Laminat sollte vorab bedacht werden, dass die Melaminharzoberfläche fast keine Feuchtigkeit und somit auch keinerlei Pflegesubstanzen aufnehmen kann. Um Wischspuren zu vermeiden, sollte ein hochwertiger Alkoholreiniger zur Reinigung eingesetzt werden, der im Feuchtwischverfahren angewandt wird. Nässe, gerade im Randbereich der Verklebung führt langfristig zu einem „Schüsseln“ der einzelnen Laminatpanele.

# 4. Reinigungschemie



4.1 Klarspülen
4.2 Neutralisieren
4.3 Mischungsverhältnis/Dosierung
4.4 Aufmaß
4.5 Säuren
4.6 Alkalien
4.7 Wischpflege
4.8 Neutralreiniger
4.9 Alkoholreiniger
4.10 Seifenreiniger
4.11 Grundreiniger
4.12 Abrasive Reinigungsmittel
4.13 Bleichmittel
4.14 Lösemittel
4.15 Wasser

Als Reinigungschemie wird in der Gebäudereinigung der Einsatz des gewählten Reinigungsmittels bezeichnet. Die Vielzahl der Werkstoffe erfordert vor der Reinigungsaufnahme mit einem neuen oder unbekannten Reinigungsmittel das Anlegen einer Musterfläche an einer verdeckten Stelle, um die Wirkung der eingesetzten Chemie überprüfen zu können und um Schäden zu vermeiden.

## 4.1 Klarspülen

Durch Klarspülen sollen Reinigungsmittelreste und eventuell angetrocknete Reste der Schmutzflotte entfernt werden.
Im Gegensatz zum Neutralisieren verfolgt Klarspülen das Entfernen von Reinigungsmittelresten auf einem Werkstoff zur weiteren Bearbeitung. Das Klarspülen erfolgt mittels Wasser ohne Zusatz von Reinigungsmitteln!

**Die häufigste Anwendung findet Klarspülen nach der alkalischen Grundreinigung eines elastischen Bodenbelages zur Vorbereitung für den aufzutragenden Pflegefilm, sowie nach einer Sanitärgrundreinigung zur Vermeidung einer Schädigung des verwendeten Fugenmaterials.**

Das Ergebnis des Klarspülens ist auf dem Bodenbelag durch ph-Wertpapier zu überprüfen und gegebenenfalls zu wiederholen, um ein eventuelles Abpudern der anschließend aufzutragenden Beschichtung zu vermeiden.

## 4.2 Neutralisieren

Als Neutralisieren bezeichnet man den Vorgang, bei dem eine stark alkalische Lösung durch Säuren neutralisiert wird, d. h. einen ph-Bereich um 7 erreichen muss.

Die Bestimmung des ph-Wertes erfolgt in der Regel durch ph-Wert-Indikatorpapier.

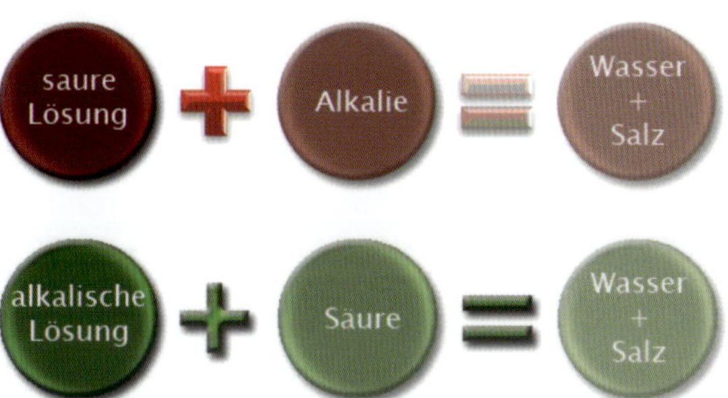


**Eine Neutralisation ist meist notwendig nach der Sanitärgrundreinigung, der Grundreinigung von elastischen Bodenbelägen, der Grundreinigung von Feinsteinzeugfliesen, Reinigungsarbeiten im Industriebereich etc. zur Einleitung der Reinigungsflotte in die Kanalisation gem. Vorgabe der Unteren Wasserbehörde. Die Neutralisation dient dabei nicht der Herstellung einer ph-neutralen Werkstoffober-**

**fläche, da diese hierdurch geschädigt werden könnten. Hier findet lediglich ein Klarspülen statt.**

## 4.3 Mischungsverhältnis/Dosierung

Für die Durchführung der Reinigungsarbeiten ist es wichtig, dass die vom Hersteller vorgegebenen Dosierungen eingehalten werden, um

1. **Materialbeschädigungen zu vermeiden und**
2. **Wischspuren durch Rückstände von Reinigungsmittelresten auf den Oberflächen zu vermeiden.**
3. **ein langsameres Trocknen der nass gereinigten Flächen und der damit verbundenen Unfallgefahr durch Ausrutschen bei Nässe zu vermeiden.**

Das Mischungsverhältnis berechnet sich immer nach der verwendeten Menge an Reinigungsmitteln. Das Mischungsverhältnis gibt der Hersteller vor und vermerkt dies in der Regel auf seinen Gebinden und in den Produktdatenblättern.

Beispiel: Es soll eine Reinigungsflotte von 10 Ltr. im Verhältnis 1 : 4 hergestellt werden. Dies entspricht insgesamt 5 Teilen. 1 Teil entspricht 10 Ltr. : 5 = 2 Ltr. Reinigungsmittel für die zu erstellende Reinigungsflotte von 10 Ltr.

## 4.4 Aufmaß

Zur Flächenermittlung ist es notwendig, die zu reinigenden Flächen aufzumessen. Hierzu werden verschiedene Hilfsmittel verwendet, wie beispielsweise:

- Zollstock
- Maßband
- Distanzmesser per Laser
- Flächenermittlung per Kreiselkompass

Zur Flächenermittlung einer (rechteckigen) Fläche wird die mathematische Formel A = a x b verwendet.

**Bei der Ermittlung des Aufmaßes gibt es zweierlei Möglichkeiten:**

1. **die Leistungen aus bereits vorhandenen Zeichnungen zu ermitteln und**
2. **bei nicht vorhandenen oder ungenauen Zeichnungen das Aufmaß vor Ort zu ermitteln.**

**Bei der Berechnung ist zu beachten, dass Aussparungen für Öffnungen, Pfeiler, Rohrdurchführungen bis zu 1 m und unbewegliche Einrichtungsgegenstände bis zu 2,5 m Einzelgröße übermessen werden.**

## 4.5 Säuren

Im alltäglichen Sprachgebrauch meint man mit einer Säure einen Stoff, der sauer schmeckt oder ätzend wirkt bzw. andere Stoffe angreift. Die Säuren im Labor wie Salzsäure, Schwefelsäure oder Salpetersäure sind meist verdünnte Lösungen der reinen Säuren.

Säuren werden zur Entfernung von mineralischen Ablagerungen benötigt.

**Beispiele: Phosphorsäure, Sulfaminsäure, Ameisensäure, Zitronensäure.**

Von einer Säure spricht man, wenn sich eine Lösung im ph-Wert-Bereich von 0 bis 6 bewegt.

Eigenschaften von Säuren:

- Säuren sind elektrisch leitfähig.
- Bei Kontakt mit unedlen Metallen korrodieren diese.
- Mineralische Stoffe werden zersetzt.
- Säuren greifen Zellulose an.

Achtung! Beim Zusammenbringen von Säuren und Alkalien (beispielsweise zur Neutralisation) kommt es zu einer thermodynamischen Reaktion!

## 4.6 Alkalien

Alkalien können Fette verseifen, Eiweiße aufspalten und die Wirkung von waschaktiven Substanzen (Tenside) verstärken.

**Beispiele: Ammoniaklösung, Soda, Kalilauge, Natronlauge.**

**Alkalien:**

- als Alkalien (Pottasche) werden Substanzen bezeichnet, die mit Wasser alkalische Lösungen (Laugen) bilden. Alkalien lassen sich treffender als Basen bezeichnen.
- ph-Wert > 7, wasserlöslich.
- beseitigen Öle, Fette, Wachse, Lacke, Ruß und eiweißhaltige Verschmutzungen.
- wichtige Alkalien sind Natrium-, Kalium-, Hydroxid und Karbonat, Ammoniak, Phosphate, Silikate.
- werden eingesetzt als Grund-, Desinfektions- und Rohrreiniger.
- ätzend, wirken auf pflanzliche und tierische Stoffe zerstörend.

## 4.7 Wischpflege

Als Wischpflege bezeichnet man Reinigungsmittel, die eine Reinigung mit gleichzeitiger Pflege ermöglichen. Entsprechend ihrer Verwendung werden die Wischpflegen nach ihrem Schwerpunkt vom jeweiligen Reinigungsmittelhersteller eingestellt. Das heißt, dass je nach Anforderung die Reinigungs- oder Pflegekomponenten variieren können. Moderne Wischpflegen beinhalten heutzutage meist wasserlösliche Polymere, die ebenfalls poliert werden können. Ein Schichtaufbau wird weitestgehend verhindert.

Wischpflegen mit wasserlöslichen Polymeren haben einen guten Reinigungseffekt mit geringer Pflege- und Schutzwirkung. Die Schutzwirkung wird mittels eines hauchdünnen und transparenten Film erreicht, der wasserlöslich ist. Der Pflegefilm kann in der Regel auspoliert werden, um die Schutzwirkung und die Glanzeigenschaft zu verbessern.
Der Pflegefilm lässt sich mit Wasser leicht entfernen, wodurch eine klassische Nassgrundreinigung weitestgehend vermieden werden kann.

**Beispiele für die Wischpflegen enthaltenen Pflegesubstanzen: Seifen, wasserlösliche Polymere, Wischwachse (Wachse), wasserunlösliche Polymere.**

## 4.8 Neutralreiniger

Neutralreiniger sind Reinigungsmittel die sich im ph-Wertbereich von ca. 7 (6,5 – 7,5) bewegen.

Sie enthalten meist synthetische Tenside und gehören zu den Allzweckreinigern.

Neutralreiniger können zur Reinigung von allen wasserbeständigen Materialien eingesetzt werden.

Die Reinigungskraft von Neutralreinigern ist größer als die von Alkoholreinigern. Sie entfernen somit wesentlich besser Öl- und Fettverschmutzungen, die in der täglichen Unterhaltsreinigung auftreten können. Neutralreiniger sind in der Regel nicht gesundheitsbelastend und sind umweltverträglich. Ökologisch und ökonomisch sind Neutralreiniger daher empfehlenswert.

Beim Einsatz von Neutralreinigern auf porösen Oberflächen kann es zu einem Nachdunkeln kommen.

## 4.9 Alkoholreiniger

Alkoholreiniger sind Universalreiniger ohne Pflegekomponente. Sie enthalten als Lösevermittler Alkohole.

- bis 30 % Alkohole (in der Regel Isopropanol), wenig Tenside, Duft- und Farbstoffe
- ph-neutral
- für alle polierten Steine und Fliesen geeignet, trocknen streifenfrei ab
- greift Pflegefilm auf Polymerdispersion an
- nur mit kaltem Wasser verwenden

Durch den Einsatz von Alkoholreinigern können Rückstände von Seifenreinigern, die Kalkseife, sehr gut entfernt werden.

Alkoholreiniger können universell in der Grundreinigung eingesetzt werden. Neben der Reinigung von nahezu allen wasserbeständigen Bodenbelägen eignen sich Alkoholreiniger auch für die Reinigung von sonstigen Oberflächen sowie zur Entfernung von typischen Büroverschmutzungen wie Fingerabdrücken und Kugelschreiberflecken.

## 4.10 Seifenreiniger

Seifenreiniger bestehen aus einer Mischung von Kaliseife und Neutralreinigern. Seifenreiniger reagieren alkalisch, jedoch weniger aggressiv wie die Schmierseife.

- Wischpflege reinigt und pflegt
- Boden dunkelt leicht nach
- Oberfläche ist polierfähig
- geeignet für leitfähige Böden
- Wirkung von Wasserhärte abhängig
- Wasserdampfdurchlässigkeit von Oberflächen wird durch Seifenreiniger nicht beeinträchtigt.

Darüber hinaus wirken Seifenreiniger antistatisch und sind somit auch für EDV-Räume geeignet.

## 4.11 Grundreiniger

Grundreiniger alkalisch

Grundreiniger sind Reinigungsmittel, die zur Entfernung von alten, abgenutzten und verschlissenen Pflegefilmen und hartnäckigen Verschmutzungen von wasserbeständigen Bodenbelägen geeignet sind. Sie enthalten als Hauptbestandteile:

- Wasser als Trägermittel,
- Tenside zur Emulgierung der Pflegemittel,
- Alkali zur Verseifung,
- Lösemittel,
- Phosphate.

Besonders zu beachten:

- für Linoböden ph-Wert < 10 (Spezialprodukt)
- für PVC-Böden ph-Wert < 12
- AGW-Werte sind zu beachten, hohe Raumluftbelastung
- Gesundheitsschutz ist zu beachten

## 4.12 Abrasive Reinigungsmittel

### Abrasivstoffe

Pulverförmige Schleif- und Polierkörper zur Reinigung von Oberflächen, meist in einem Trägerreinigungsmittel (Neutralreiniger) eingebunden. Korundmehl, Quarzmehl, Bimsmehl oder Schlämmkreide sind in Scheuerpulver oder Scheuermilch enthalten. Poliermittel bei der Lackpflege enthalten Abrasivstoffe in feinster Form.

Fassadenreinigung ist eine abrasive Reinigung. Harte Abrasivstoffe können eine Oberfläche zerkratzen. Bürsten, Pads und Schleifpapier gehören ebenfalls zu den Abrasivstoffen.

**Beispiele: Bimsmehl, Korund, Siliziumkarbid, Schlämmkreide, SiCa-Bürsten, schwarze Pads.**

## 4.13 Bleichmittel

Als Bleichen wird das Zerstören eines Naturfarbstoffes bezeichnet. Das heißt, dass Bleichen „immer" irreparabel ist und daher nur in Ausnahmefällen eingesetzt werden soll.

Bleichmittel wie **Chlor und Sauerstoffverbindungen** werden in der Gebäudereinigung vor allem als Problemlöser eingesetzt, um Verfärbungen rückgängig zu machen.

Allerdings finden heute in der Gebäudereinigung jedoch meist nur noch Sauerstoffabspalter ihre Anwendung, da die Wechselwirkung von Chlor mit säurehaltigen Reinigungsmitteln (Entstehung von Chlorgas) aufgrund von Unkenntnis vielfach zu schweren gesundheitlichen Schäden geführt hat.

## 4.14 Lösemittel

Gewisse Verschmutzungen wie Teer, Wachs, Leim- und Farbrückstände usw. lassen sich weder mit Tensiden, Alkalien noch mit Säuren lösen. Dazu sind organische Lösemittel notwendig. Lösungsmittel oder Lösemittel sind flüchtige organische Flüssigkeiten, die andere flüssige oder feste Stoffe zu lösen vermögen, ohne dabei sich selbst und den gelösten Stoff chemisch zu verändern.

**Beispiele: Alkohole, Terpentinersatz, Aceton, Glykole.**

Keine Anwendung finden Lösemittelreiniger auf lackierten Oberflächen und kunststoffbeschichteten Oberflächen.

Generell gilt es, die Vorsichtsmaßnahmen der Hersteller von Lösemittelreinigern einzuhalten, da beim Arbeiten entstehende Dämpfe gesundheitsschädlich sind. Lösemittel sind in der Regel als feuergefährliche Stoffe einzustufen.

## 4.15 Wasser

Wasser gehört in der Gebäudereinigung mit zu den wichtigsten Komponenten und darf daher in seiner Eigenschaft nicht vergessen werden.

- Wasserhärte gemessen in dH oder mol/l (gibt den Anteil von Kalk im Wasser an)
- Lösemittel für Kaffee, Wein, Salz, Säuren, Laugen
- Träger der Inhaltsstoffe von Reinigungsmitteln
- umspült und transportiert die Schmutzpartikel
- bei Verdunstung bildet sich Kalkstein
- Wasser hat eine hohe Oberflächenspannung (Tropfenform)
- Tenside zerstören die Oberflächenspannung und Wasser kann in feine Hohlräume eintreten.

# 5. Dosierung

5

Alle Hersteller geben auf ihren Produkten die Anwendungskonzentration in der Reinigungsflotte vor. Diese Herstellerangaben sind, angepasst an den tatsächlichen Verschmutzungsgrad und den verwendeten Werkstoffen im Objekt, innerhalb der vom Hersteller vorgegebenen Toleranzen einzuhalten.

Hierzu sollten nach Möglichkeit Dosierhilfen in der Form von

- Messbechern,
- Dosierkappen,
- Dosierpumpen,
- Dosieranlagen,
- On-Board-Systemen,
- Portionsbeuteln oder
- Granulat/Sticks

verwendet werden.

Gleichzeitig gilt bei der Herstellung der Reinigungsflotte (Wasser + Reinigungsmittel) der Grundsatz: Wenn händisch dosiert wird, ist ausnahmslos das Reinigungsmittel dem Wasser zuzuführen und nicht umgekehrt.

Beim Herstellen der Reinigungsflotte wird unterschieden zwischen der Verdünnung und der Mischung.

**Verdünnung:** Verringerung der Konzentration eines Stoffes.

Eine Verdünnung 1:10 und einem Volumen der Reinigungsflotte würden somit 9 Teile Wasser einem Teil des Reinigungskonzentrats gegenüberstehen. Es sind somit 10 Teile im Eimer.

**Mischung:** Bei der Mischung werden zwei Volumeneinheiten miteinander vermischt.

Eine Mischung 1:10 bedeutet somit, dass 10 Teilen Wasser ein Teil Reinigungsmittelkonzentrat hinzugefügt werden. Es sind somit 11 Teile im Eimer.

# 6. Werkzeugkunde





Die Werkzeugkunde beschäftigt sich mit den in der Gebäudereinigung verwendeten Gerätschaften. Aufgrund der Vielzahl und für die Vielfältigkeit der Aufgaben genutzten Werkzeuge sollen hier nur einige wenige, dafür aber die Wichtigsten Beachtung finden. Die Kombination der unterschiedlichen Werkzeuge für unterschiedliche Reinigungsaufgaben ermöglichen viele Variationsmöglichkeiten. Diese Variationen müssen von Objekt zu Objekt nur angepasst werden. Hierzu zählen nicht nur viele Möglichkeiten im Bereich der Reinigungswagen, sondern auch in der Produktkombination von Pads und diversen Reinigungstextilien.

## 6.1 Leitern und Tritte

Eine Leiter ist ein mobiler Aufstieg mit Stufen oder Sprossen, die mit Wangen oder Holmen verbunden sind.

**Zu den Leitern zählen:**

- **Anlegeleitern**
- **Stehleitern**
- **Mehrzweckleitern**
- **Podestleitern**
- **Steigleitern**
- **Mastleitern**
- **Glasreinigerleitern**
- **Schiebeleitern**
- **Seilzugleitern**

Leitern können je nach Art und gefordertem Einsatz aus Kunststoffen, Holz oder Metallen gefertigt werden.

## Tipps zum sicheren Umgang mit Leitern

Bei der Wahl der Leitergröße/-länge sollte beachtet werden, dass

- nicht zusätzlich gesicherte Anlegeleitern nur bis zur viertobersten Stufe/Sprosse bestiegen werden, da sonst die Gefahr des Wegrutschens besteht.
- beidseitig begehbare Stehleitern nur bis zur drittobersten Stufe/Sprosse bestiegen werden, damit ausreichender Halt möglich ist.
- Mehrzweckleitern in der Gebrauchsstellung „Stehleiter mit aufgesetzter Schiebeleiter" nur bis zur fünftobersten Sprosse bestiegen werden.
- die Größe von Stehleitern mit Plattform, sowie von Podestleitern so gewählt wird, dass der Benutzer die maximale erforderliche Arbeitshöhe ohne sich zu recken von der Plattform erreichen kann.

(Quelle: Günzburger Steigtechnik GmbH)

**Tritte:** Ortsveränderliche Aufstiege bis 1 m Höhe, deren tragende Schenkel in Gebrauchsstellung zug- und druckfest miteinander verbunden sind und deren obere Fläche zum Betreten vorgesehen ist.

(Foto: Günzburger Steigtechnik GmbH)

**Glasreinigerleitern:** Glasreinigerleitern sind spitz zulaufende, einteilige oder aus mehreren Teilen (Steckleiterelementen) zusammengesetzte Leitern, die zu ihrer Benutzung über eine Anlage (z. B. Rolle, Polster) punktförmig angelegt werden. Je nach Größe unterscheidet man in Etagenleitern (zulässige Standhöhe max. 2 m) und Tourenleitern mit Stufen (Ausführung mit verbreiterter Fußtraverse für Arbeiten bis zu einer Standhöhe von max. 5 m). Die Standhöhe bezeichnet dabei die Ermittlung der Höhe zum senkrechten Lot zwischen Trittstufe und Boden.

(Foto: Günzburger Steigtechnik GmbH)

## 6.2 Pads und Padfarben

Pads werden als Hand- oder Maschinenpads eingesetzt, um auf Werkstoffe aufgebrachte Pflegesubstanzen polieren oder um Verschmutzungen mechanisch bearbeiten zu können.
Hierzu ist es notwendig, das richtige Pad auszuwählen.

Grundsätzlich gilt: je dunkler die Farbe eines Hand- oder Maschinenpads, desto höher ist die Abrasivität des Pads.

Beim Einsatz von Maschinenpads unter der Einscheibenmaschine oder dem Scheuersaugautomaten ist stets zu bedenken, dass unter den Faktoren Reibung und Anpressdruck Wärme entsteht, die unter Umständen zu einer Beschädigung der zu behandelnden Oberfläche führen kann.

| Bodenbeläge / Reinigungsarten | Linoleum | PVC | Polyolefin | Elastomere/ Gummi | Parkett/ Kork | Naturstein | Kunststein |
|---|---|---|---|---|---|---|---|
| Grundreinigung/ entfernen von Verstrichungen | Blau[1]<br>Grün[2]<br>JuliPad | Braun<br>JuliPad | Blau<br>JuliPad | Blau[1]<br>Grün[2]<br>JuliPad | Blau[1]<br>Grün[2]<br>JuliPad | Microfaser PolyPad®/[1]<br>Grün[2]<br>JuliPad | Microfaser PolyPad®/[1]<br>Grün[2]<br>JuliPad |
| Pflegefilm-Sanierung, Mattierung, trocken | Maroon<br>Dunkelbraun | Maroon<br>Dunkelbraun | | | Maroon<br>Dunkelbraun | | |
| Intervallreinigung | Blau[1]<br>Rot[2] | Blau[1]<br>Grün[2] | Rot[1]<br>Blau[2] | Blau[1]<br>Grün[2] | Blau | Microfaser PolyPad®[1]<br>Blau[2] | Microfaser PolyPad®[1]<br>Blau[2] |
| Unterhaltsreinigung | Coral<br>Rot<br>JuliPad | Coral<br>Rot<br>JuliPad | Coral<br>PolyPad®<br>Microfaser[2]<br>JuliPad | Coral<br>PolyPad®<br>Microfaser[2]<br>JuliPad | Coral<br>Rot<br>JuliPad | Microfaser PolyPad®/[1]<br>Coral<br>JuliPad | Microfaser PolyPad®/[1]<br>Coral<br>JuliPad |
| Reinigung mit Scheuersaug-automaten | Coral<br>Rot<br>JuliPad | Coral<br>Grün<br>JuliPad | Coral<br>PolyPad®<br>Microfaser[2]<br>JuliPad | Coral<br>PolyPad®<br>Microfaser[2]<br>JuliPad | Coral<br>Rot<br>JuliPad | Microfaser PolyPad®/[1]<br>Coral<br>JuliPad | Microfaser PolyPad®/[1]<br>Coral<br>JuliPad |
| Spray-Cleanern | Coral | Coral | Coral | Coral | Coral | Coral | Coral |
| Polieren Siehe auch Glit® UHS Pads | Weiß | Weiß | Weiß | Weiß | Weiß[1]<br>Filzpad[2] | Weiß | Weiß |

[1] Erste Empfehlung.
[2] Bedingte Empfehlung. Nur nach Rücksprache mit dem Belagshersteller.

(Quelle: Dolly Reinigungsbedarf)

## 6.3 Reinigungswagen und deren Aufbau

Der Reinigungswagen dient dem Reinigungspersonal als Transportwagen sowie als Versorgungs- und Entsorgungsstation. Um dem eingesetzten Reinigungspersonal das Mitführen der erforderlichen Reinigungsmaterialien (Werkzeuge und Chemie) zu ermöglichen, werden je nach Objektgröße unterschiedliche Arten von Reinigungs- und Systemwagen eingesetzt. Je nach Einsatzart können diese aus einer Vielzahl von Optionen auf die genauen Objektbedürfnisse zugeschnitten werden.

Bei der Auswahl der Reinigungs- und Systemwagen ist vor allem wichtig, dass die Abläufe der Reinigungsarbeiten durch den Aufbau der Systemwagen vereinfacht werden. Aufbau und Konzept sind so gestaltet, dass ein zügiges Arbeiten im Objekt möglich ist.

Der nachfolgend gezeigte Systemwagen verfügt über eine Flachmopppresse, die es ermöglicht, dass der Moppbezug zum Auspressen nicht mehr vom Klapphalter entfernt werden muss. Die farbige Kennzeichnung der Eimer ist standardisiert. Die beiden farbig unterschiedenen Müllbehälter ermöglichen eine Trennung des anfallenden Mülls.

(Foto: Pfennig Reinigungstechnik GmbH)

Die beiden farbig codierten Eimer dienen dem zweistufigen Nasswischen. Hierbei befindet sich die einzusetzende Reinigungsflotte im blauen Eimer. Die mit dem Reinigungstextil aufgenommene Schmutzflotte wird in den roten Eimer ausgepresst.

## 6.4 Doppelfahrwagen

In kleineren Objekten kommt der Doppelfahrwagen zum Einsatz, der im Gegensatz zum Systemwagen im Aufbau kleiner und handlicher ist. Das Grundprinzip von Transportwagen, Versorgungs- und Entsorgungsstation bleibt jedoch erhalten.

(Foto: Pfennig Reinigungstechnik GmbH)

## 6.5 Farbsystem für Reinigungstücher

Im Laufe der Jahre hat es sich bei der Nutzung von Reinigungstüchern als sehr praktikabel erwiesen, die unterschiedlichen Reinigungsbereiche mit einem entsprechenden Farbcode zu versehen.

Um eine eventuelle Keimverschleppung zu vermeiden, sollten für die nachfolgend aufgeführten Bereiche Reinigungstücher mit folgenden Farben genutzt werden.

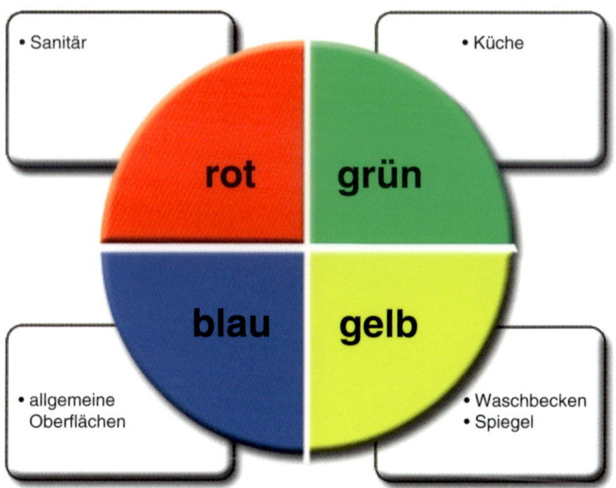

In kleineren Objekten oder um das Reinigungspersonal nicht mit zu vielen Tüchern unterschiedlicher Farben zu verwirren, hat es sich in der Praxis jedoch gezeigt, dass die schnellste und einfachste Umsetzung eines Farbsystems das Zweifarbsystem ist.

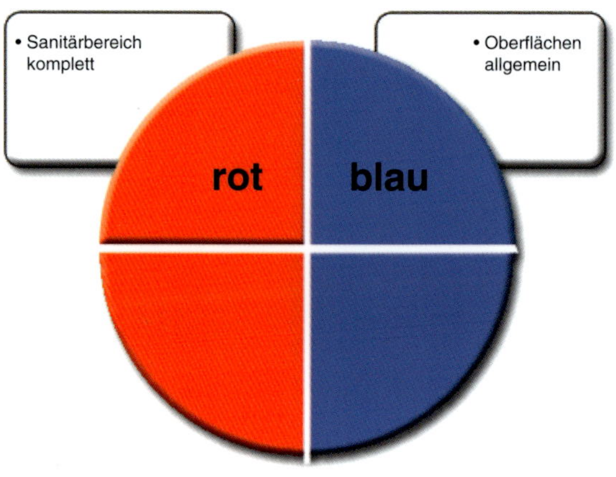

## 6.6 Falttechnik für Tücher

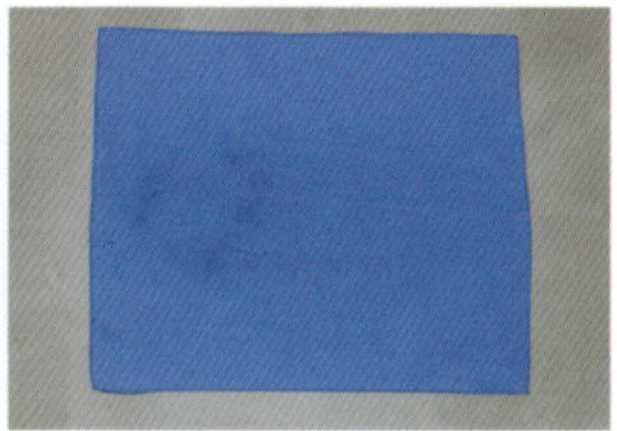
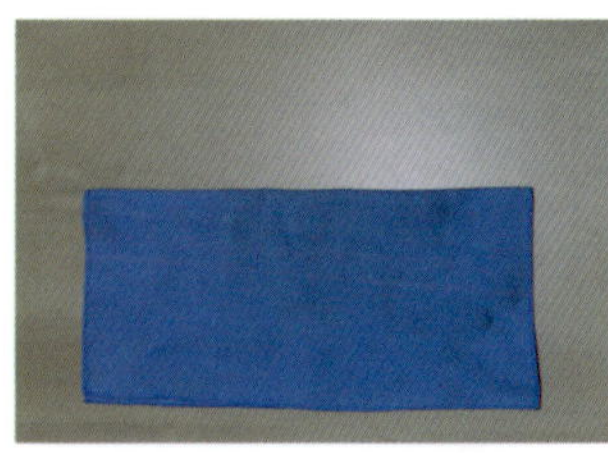

Hierzu wird das Reinigungstextil einmal längs gefaltet,

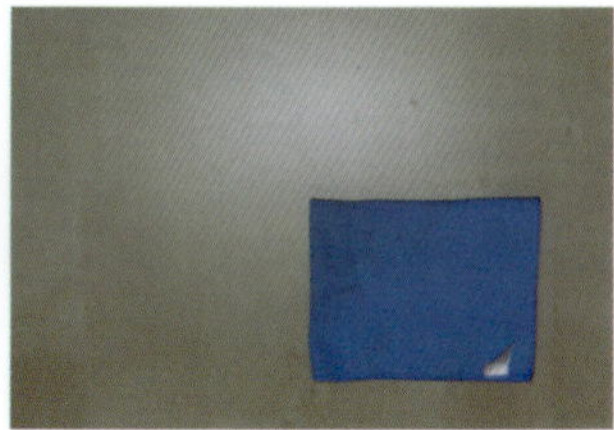

und danach zweimal quer.

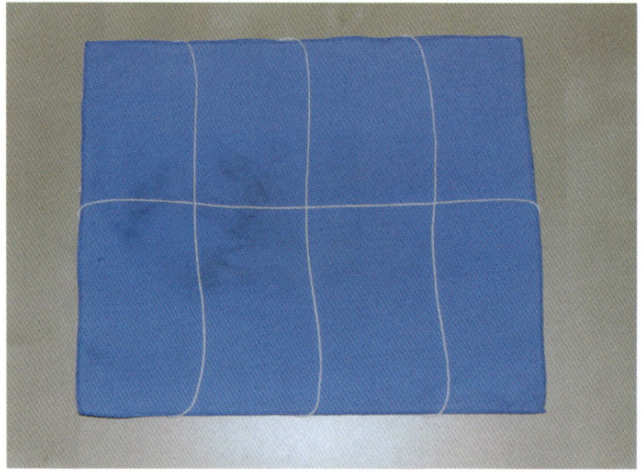

Dadurch entstehen auf jeder Seite des Reinigungstextils acht Felder, die zur Reinigung genutzt werden. Ist ein Feld verschmutzt, so kann das Reinigungstextil umgedreht werden, sodass wiederum eine saubere Seite zur Verfügung steht. Anschließend verfährt man nach dem Prinzip, die jeweils schmutzigen Seiten des Reinigungstextils aufeinanderzulegen.
Ist kein Feld mehr sauber, so wird das Reinigungstextil zur Auffrischung gegeben und ein neues benutzt.

# 7. Grundlagenprinzip der Reinigung





Das Grundlagenprinzip der Gebäudereinigung fußt vornehmlich auf den von Sinner entwickelten „Sinnerschen Kreis“. Sinner hat hierbei erkannt, dass Reinigung grundsätzlich aus vier Komponenten, wie in der folgenden Beschreibung erläutert, besteht. Hinzu kommt neben der Materialkunde der richtige Einsatz der ausgewählten Reinigungschemie. Welches Reinigungsmittel wird für welche Verschmutzung eingesetzt? Eine Problematik, die sich in der Reinigung standardmäßig auf die beiden Bereiche der organischen und der mineralischen Verschmutzung beschränken soll.

## 7.1 Sinnerscher Kreis

Als Sinnerscher Kreis wird der Wirkungsmechanismus benannt, mit dem Reinigungsabläufe organisiert und durchgeführt werden können. In der Reinigung spielen vier Faktoren eine wesentliche Rolle:

**Chemie, Mechanik, Temperatur und (Einwirk-)Zeit.**

Diese Faktoren werden beim Sinnerschen Kreis in Form eines Kreisdiagrammes dargestellt. Dieses verdeutlicht, wie der einzelne Faktor durch die übrigen kompensiert werden kann. Das Funktionsprinzip findet zur schonenden Reinigung Anwendung. Die optimale Einstellung der Faktoren auf die für den Anwendungsfall günstigste Methode garantiert einen Reinigungserfolg und eine hohe Wirtschaftlichkeit. Bei Änderung einer der Faktoren muss sich mindestens auch ein weiterer Faktor ändern.

**Der Sinnerscher Kreis erklärt anhand der Teppichbodenshampoonierung:**

- **Chemie:**
  **Auswahl der Chemie und Dosierung.**

- **Zeit:**
  **Einwirkzeit des Teppichshampoos und Bearbeitungszeit des textilen Bodenbelages mit der Einscheibenmaschine.**
- **Mechanik:**
  **Einsatz der Einscheibenmaschine mit Shampoonierbürste.**
- **Temperatur:**
  **Einfluss der Umgebungstemperatur auf die Reinigung und auf die Trocknungszeit. Temperatur der Reinigungsflotte zur Vermeidung von Schäden auf der Oberfläche und evtl. Wechselwirkung mit der eingesetzten Chemie.**

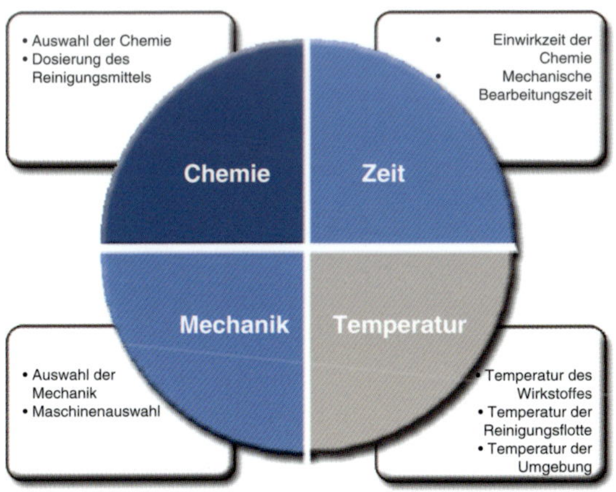

## 7.2 Welcher ph-Wert für welche Verschmutzung?

**ph-Wert:**
Der pH-Wert ist ein Maß für die Stärke der sauren bzw. basischen Wirkung einer wässrigen Lösung.

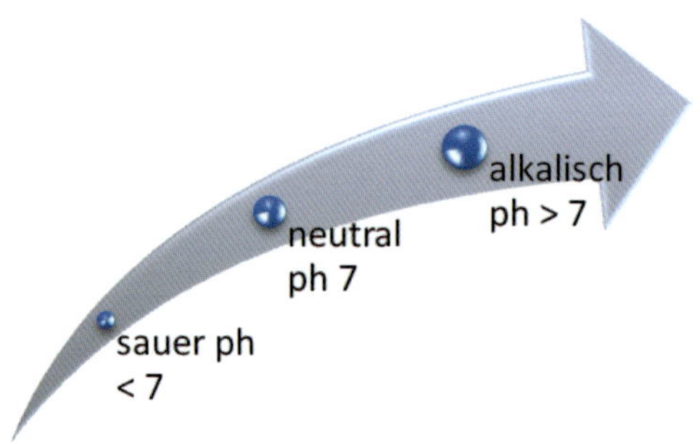


- **mineralische Verschmutzungen**
  **Mineralische Verschmutzungen (Kalk, Zementschleier) werden in der Regel mit sauren Reinigungsmitteln entfernt.**

- **organische Verschmutzungen**
  **Organische Verschmutzungen (Öl, Fett, Blut) werden in der Regel mit alkalischen Reinigungsmitteln entfernt.**

## 7.3 Unterhaltsreinigung

Die Unterhaltsreinigung definiert sich durch Reinigungsarbeiten, die in einem festgelegten Reinigungsrhythmus regelmäßig durchgeführt werden.

Je nach Art der durchzuführenden Reinigungsarbeiten sollten Reinigungsarbeiten, die einen Zeitraum von drei und mehr Monaten überschreiten, nicht mehr gemäß der Definition einer Unterhaltsreinigung geführt werden.

Ziel der Unterhaltsreinigung ist es, die in der regelmäßigen Nutzung eines Objektes anfallende Verschmutzung mit normalem Aufwand zu entfernen. Ein punktueller Mehraufwand ändert an der oben benannten Definition nichts.

In der Regel versteht man unter der Unterhaltsreinigung die allgemeinen Arbeiten der Büro- und Glasreinigung. Geregelt werden die durchzuführenden Arbeiten gewöhnlich in einem Leistungsverzeichnis oder bei der ergebnisorientierten Reinigung in der Festlegung, zu welchem Zeitpunkt eine Verschmutzung nicht auftreten darf. Die Unterhaltsreinigung ist die gängigste Form der regelmäßig durchzuführenden Arbeiten.

## 7.4 Zwischenreinigung

Die Zwischenreinigung definiert sich durch Reinigungsarbeiten, die in einem festgelegten Reinigungsrhythmus durchgeführt werden, die über die Unterhaltsreinigung hinaus gehen.

Die Zwischenreinigung verfolgt vor allem das Ziel, die Grundreinigung hinauszuzögern, um temporär die Optik des mit der Zwischenreinigung belegten Werkstoffes zu verbessern.

Je nach Art der durchzuführenden Reinigungsarbeiten sollten Reinigungsarbeiten, die einen Zeitraum von sechs und mehr Monaten überschreiten, nicht mehr gemäß der Definition einer Zwischenreinigung geführt werden.

Von Zwischenreinigung spricht man vor allem im Bereich der Teppichbodenreinigung, bei der durch Trockenschaum versucht wird, die Grundreinigung hinauszuschieben. Im Bereich der elastischen Bodenbeläge wird der Versuch unternommen, durch Cleanern den Pflegefilm partiell auszubessern, um eine Grundreinigung hinauszuzögern und die Optik einheitlich zu halten.

## 7.5 Grundreinigung

Die Grundreinigung verfolgt das Ziel, stark haftende Verschmutzungen und/oder abgenutzte und alte Pflegefilme zu entfernen, welche die Optik der Werkstoffe beeinträchtigen und die Oberflächen anschließend wieder in einem einheitlichen Bild erscheinen zu lassen. Im Bereich von elastischen Bodenbelägen verfolgt man hierbei meist gleichzeitig das Einpflegen mit entsprechenden Schutzkomponenten, meist in Form eines Pflegefilms.

Der Zeitabstand der Grundreinigung liegt über dem der Zwischenreinigung. Je nach Art der durchzuführenden Reinigungsarbeiten sollten Reinigungsarbeiten, die einen Zeitraum von 12 und mehr Monaten überschreiten, gemäß der Definition einer Grundreinigung geführt werden.

Von Grundreinigung spricht man vor allem bei der Reinigung von Metallfassaden, elastischen Bodenbelägen, textilen Bodenbelägen und Sanitärräumen (siehe auch Band 2 der Ratgeberreihe, „Gebäudereinigung kompakt – Schritt-für-Schritt-Anleitungen in Wort und Bild“, Kapitel 10, 13, 14 und 25).

Bei stark abgenutzten Polymerfilmen ist es aufgrund der Nachhaltigkeit sinnvoll zu prüfen, ob die Möglichkeit besteht, die abgenutzten Polymerfilmreste mittels Trockengrundreinigung zu entfernen.

## 7.6 Desinfektion

Unter Desinfektion versteht man alle Maßnahmen, die nachweislich dazu dienen, krankheitsverursachende Mikroorganismen in einen nichtinfektiösen Zustand zu versetzen. Unter Flächendesinfektion versteht man die systematische Keimreduktion auf Oberflächen mit einem für den Desinfektionserfolg geeigneten Mittel unter Einhaltung der vom Hersteller vorgegebenen Einwirkzeit und Konzentration. Wichtig ist, dass Textilien, die bereits einmal mit einer Desinfektionslösung getränkt wurden, kein zweites Mal in die Desinfektionslösung eingetaucht werden.
Durch die Desinfektion wird eine Keimreduzierung von 99,999 % erreicht, dies entspricht einem Reduktionsfaktor von RF5. Nach der Desinfektion blieben somit von 1.000.000 Keimen 10 Keime übrig.

# 8. Leistungsverzeichnis und ergebnisorientierte Reinigung



Reinigung gemäß Leistungsverzeichnis bedeutet, dass der Reinigungsrhythmus „Was wird wann zu welchem Zeitpunkt gereinigt?“ dem Reinigungspersonal als starres Gebilde vorgegeben wird. Hierbei werden die tatsächliche Nutzung und Verschmutzung nicht in Betracht gezogen.

Reinigung gemäß ergebnisorientierter Reinigung heißt, dass der Dienstleister zu einem vorher festgelegten Zeitpunkt ein Ergebnis schuldet. Dieses Ergebnis (Definition „Was ist akzeptabel?“) ist im Vorfeld festzulegen. Bereiche, die aufgrund fehlender Nutzung bereits das vorher festgelegte Ergebnis erfüllen, müssen somit nicht mehr gereinigt werden. Hierdurch werden Ressourcen gespart.

# 9. Beschichtungen





## Beschichtungen/Pflegemittel

Pflegemittel sind Mittel, die zwecks Schmutzbehandlung meist unverdünnt direkt auf die zu behandelnde Fläche aufgetragen werden. Die Aufgaben dieser Schutzbehandlung sind:

- **Werterhaltung,**
- **Erleichterung der Unterhaltsreinigung,**
- **Verbesserung der Begeheigenschaften,**
- **Erzielung der gewünschten Optik,**
- **eine bessere Hygiene.**

**Werterhaltung:**
Böden haben eine längere Lebensdauer. Eingetragener Schmutz wirkt wie Schmirgelpapier zwischen Schuhsohlen oder anderen Kontaktflächen und dem Bodenbelag. Folge: Der Bodenbelag wird an den Gehstraßen vorzeitig und stärker abgenutzt. Das eingesetzte Pflegemittel soll dem als „Opferschicht“ entgegenwirken.

**Erleichterung der Unterhaltsreinigung:**
Böden mit geschlossener Oberfläche verschmutzen weniger, und der Schmutz ist leichter zu entfernen.

**Verbesserung der Begeheigenschaften:**
Ist ein Boden stumpf oder rutschig, so kann er durch die richtige Wahl des Pflegemittels eine Verbesserung erzielt werden.

**Erzielung der gewünschten Optik:**
Schutzbehandelte Böden sehen „gepflegt“ aus. Die gewünschte Glanzwirkung so wie der entsprechende Glanzgrad wird durch die Wahl des Pflegemittels erreicht.

**Bessere Hygiene:**
Durch Verschluss der Poren wird das Einnisten von Mikroorganismen gehemmt.

## 9.1 Wachse und Seifen

**Wachse:** Wachse werden vor allem auf Holzböden eingesetzt, um diese vor eindringender Feuchtigkeit zu schützen. Wachse sind weiche Beschichtungen, die leicht poliert werden können. Das Entfernen von alten Wachsschichten ist nur mit Lösemittel möglich. Daher sollte der Einsatz von Wachsen wohl überlegt sein. Wachse werden unterschieden in

- Mineralwachse
- halbsynthetische Wachse
- synthetische Wachse.

**Seifenreiniger:** Seifenreiniger bilden die so genannte Kalkseife. Voraussetzung hierfür ist jedoch ein Mindestmaß an mineralischen Rückständen in der verwendeten Reinigungsflotte. Der aufgetrocknete Seifenfilm ist trittfest und kann poliert werden. Der hierbei entstehende matt glänzende Seifenfilm ist trittfest und beeinträchtigt die Optik nicht.

Seifenreiniger bauen im laufe der Zeit Schichten auf, die glasartig aushärten können. Um die Schichten entfernen zu können, ist eine regelmäßige Grundreinigung notwendig.

## 9.2 Polymerbeschichtungen

Wasserunlösliche Polymere: Polymere sind in organischen Lösemitteln gelöste Kunststoffverbindungen, die nach dem auftrocknen einen Film bilden. Eingesetzt werden Polymerbeschichtungen vor allem auf elastischen Bodenbelägen. Hierdurch wird die Nutzungsdauer des Bodenbelages vervielfacht. Durch moderne Verfahren wie Cleanern und der Trockengrundreinigung kann eine Grundreinigung weit hinausgezögert werden oder gänzlich entfallen. Ein polieren oder verdichten von Polymerbeschichtungen ist nur mittels High-Speed-Einscheibenmaschine möglich.

Darüber hinaus gibt es noch wasserlösliche Polymere, die ökologisch unbedenklich in Wischpflegemitteln eingesetzt werden. Der hierbei entstehende Pflegefilm kann auspoliert werden und ist durch Benetzung mit Wasser wieder anzulösen. Die Strapazierfähigkeit erreicht jedoch bei weitem nicht die Eigenschaften der wasserunlöslichen Polymere.

## 9.3 Nanobeschichtungen

Nano (griech. „Zwerg") ist eine Einheit, die 1000-mal kleiner ist, als der Mikrometerbereich. 1 nm entspricht dem millionsten Teil eines Millimeters. Nanobeschichtungen sind Beschichtungen auf Basis der Nanotechnologie. Die mit ihr behandelten Oberflächen sind schmutzabweisend und erleichtern in vielen Fällen die Reinigung. Bei der Nanobeschichtung ist jedoch zu bedenken, dass für die Erhaltung des „Nano-Effektes" eine tensidfreie Unterhaltsreinigung erfolgen muss.

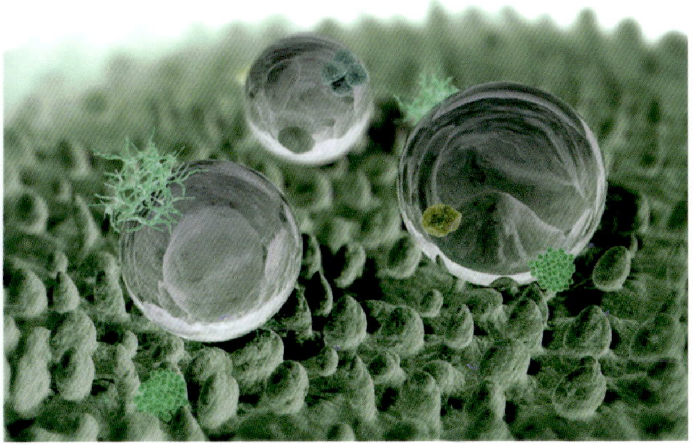

(Quelle: own work, Hamburg)

## 9.4 PU-Beschichtungen

Polyurethanbeschichtungen bestehen aus dem Kunststoff Polyurethan, sind sehr hart, besitzen ein gutes Haftvermögen und sind weitestgehend resistent gegenüber Chemikalien, vor allem gegenüber Lösemitteln. Problem ist, dass eine herkömmliche Grundreinigung und Neubeschichtung wie bei den sonstigen Hartbeschichtungen nicht möglich ist. Ist die Polyurethanbeschichtung „abgelaufen", muss der Boden partiell ausgebessert werden. Aufgrund der hierbei auftretenden Problematik, dass die Übergänge nur schwerlich oder gar nicht angeglichen werden können, werden oftmals die Böden komplett beschädigt, indem die PU-Beschichtung mittels herkömmlicher Grundreinigung „heruntergeschliffen" wird. Der vom Bodenhersteller versprochene Gewinn durch einen Bodenbelag, der nie wieder beschichtet werden muss, kann somit nur abgewiesen werden. Polyurethanbeschichtungen sollten nur von Fachfirmen aufgebracht werden.

# 10. Maschinenkunde

10.1 Staubsauger
10.2 Einscheibenmaschine
10.3 Nasssauger
10.4 Sprühextraktionsgerät
10.5 Scheuersaugautomat
10.6 Einstellung des Anpressdrucks bei Bürsten
10.7 Wahl des richtigen Schrubbwerkzeuges



In der Gebäudereinigung wird mittlerweile eine Vielzahl von Maschinen verwendet. Die gebräuchlichsten sollen hier kurz erwähnt werden. Generell gilt der Grundsatz, dass der Einsatz von Maschinen dem Personaleinsatz vorzuziehen ist. Bei der Wahl der Maschine sollte nicht nur auf den Preis geachtet werden, sondern auch auf die vom Hersteller gebotenen Serviceleistungen. Eine Reinigungsmaschine soll im Objekt zur Reinigung genutzt werden, den entsprechenden Reinigungskräften ihre Arbeit erleichtern und größere Flächenleistungen erbringen. Daher muss der Hersteller der eingesetzten Maschinen mit seinem Service sicherstellen, dass die Einsatzfähigkeit uneingeschränkt gewährleistet werden kann.

## 10.1 Staubsauger

**Funktionsweise:**

Erzeugung eines Unterdrucks im Kesselbehälter des Staubsaugers. Hierdurch entsteht an der Düsenöffnung ein Luftstrom, der die Schmutzpartikel mitreist und in den dafür vorgesehenen Behälter leitet.

**Aufbau:**

Staubsauger bestehen aus den Komponenten

- Saug- und Kesseleinheit mit Motor
- Schmutzfangbehälter
- Düsen- und Schlauchkomponente

**Einsatz:**

- Klassisches Staubsaugen von textilen Bodenbelägen mit Staub- oder Bürstsauger.
- Aussaugen von schwer zugänglichen Stellen in der Industriereinigung.
- Schnelles Entfernen von lose aufliegendem Staub auf Hartbodenbelägen unter Einsatz einer geeigneten Bürste (Saugmoppen).

## 10.2 Einscheibenmaschine

**Funktionsweise:**

Scheuerwerkzeug, das durch Mechanik in Form von Anpressdruck und gewähltem Schrubbwerkzeug abrasiv Verschmutzung von Oberflächen löst.

**Aufbau:**

Einscheibenmaschinen bestehen aus den Komponenten

- Wassertank
- Deichsel
- Motoreinheit
- Schrubbeinheit

**Einsatz:**

- Entfernen von haftenden Verschmutzungen auf Hartbodenbelägen unter Einsatz einer geeigneten Bürste oder eines Maschinenpads.
- Polieren von Pflegekomponenten.
- Mittels geeigneten Pads geeignet zur Durchführung von Teppichbodenzwischen- oder -grundreinigungen (siehe auch Band 2 der Ratgeberreihe, „Gebäudereinigung kompakt – Schritt-für-Schritt-Anleitungen in Wort und Bild“, Seite 137).

## 10.3 Nasssauger

**Funktionsweise:**

Erzeugung eines Unterdrucks im Kesselbehälter des Nasssaugers. Hierdurch entsteht an der Düsenöffnung ein Luftstrom, der das Schmutzwasser mitreist und in den dafür vorgesehenen Vorratsbehälter leitet.

**Aufbau:**

Nasssauger bestehen aus den Komponenten

- Saug- und Kesseleinheit mit Motor
- Schmutzfangbehälter
- Düsen- und Schlauchkomponente

**Einsatz:**

- Entfernen von Schmutzflotten auf wasserbeständigen Bodenbelägen.

Bei der Wahl des Wassersaugers ist neben der Motorleistung auch auf einen ausreichend großen Schmutzfangbehälter zu achten, der problemlos entleert werden kann.

## 10.4 Sprühextraktionsgerät

**Funktionsweise:**

Die Funktionsweise des Sprühextraktionsgeräts gleicht derjenigen des Nasssaugers, den man mit einer Pumpe kombiniert hat. Die Pumpe sorgt dafür, dass die Reinigungsflotte zur Bodendüse gepumpt wird. Die Reinigungsflotte wird anschließend abgesaugt.
Sowohl die Pumpeinheit als auch die Saugeinheit kann unabhängig voneinander gesteuert werden, sodass ein Kombigerät entsteht.

**Aufbau:**

Sprühextraktionsgeräte bestehen aus den Komponenten

- Saug- und Kesseleinheit mit Motor
- Schmutzwasserbehälter
- Düsen- und Schlauchkomponente
- Pumpeinheit
- Bodendüse mit Sprüh- und Saugeinheit

## 10.5 Scheuersaugautomat

**Funktionsweise:**

Scheuersaugautomaten kombinieren Scheuer- und Saugarbeiten in einer kompakten Einheit. Durch das Absaugen der Schmutzflotte wird ein sofortiges Begehen der Verkehrsfläche ermöglicht. Hierdurch sind Reinigungsarbeiten auch während des Geschäftsbetriebs in Objekten möglich. Die Größe des Scheuersaugautomatens ist der Größe der Verkehrsfläche anzupassen.

Durch die Verwendung von leistungsfähigen Batterien ist ein nahezu autarkes Arbeiten unabhängig von der Stromversorgung möglich. Dies bringt eine wesentliche Zeitersparnis mit sich.

**Aufbau siehe Abbildung nebenstehend.**

**Einsatz:**

Scheuersaugautomaten kommen überall dort zum Einsatz, wo große Flächen effektiv und schnell gereinigt werden müssen. Nicht vergessen werden darf hierbei, dass die Komponenten der Ladestation und der Befüllmöglichkeit gegeben sein müssen.

## Aufbau:

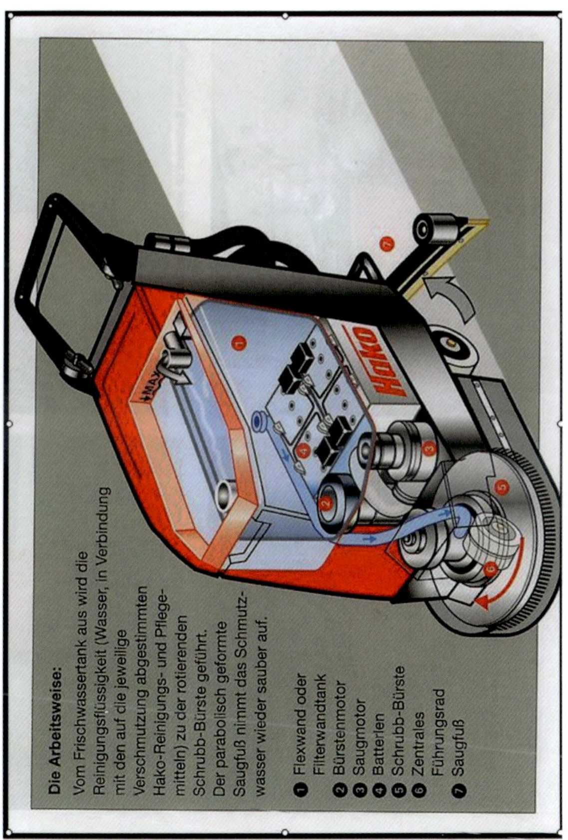


(Quelle: Hako)

## 10.6 Einstellung des Anpressdrucks bei Scheuerbürsten

Wie im Kapitel 7.1 bereits beschrieben, besteht die Reinigung aus vier Faktoren. Ein wesentlicher Faktor beim Einsatz von Reinigungsmaschinen, die auf Bürstenwerkzeuge zurückgreifen, ist der richtige Anpressdruck. Die nachfolgenden Erläuterungen zeigen, dass die Wahl des Anpressdrucks für die Wirksamkeit einer Schrubbbürste mitentscheidend ist. Bei zu hoch gewähltem Anpressdruck (siehe folgende Abbildung) knicken die Borsten zur Seite und können die sich auf dem Werkstoff befindlichen Verschmutzungen nicht mehr ausreichend lösen, sondern wischen über diese hinweg.

Die in der Abbildung rechts gezeigte Bürste zeigt den richtigen Anpressdruck. Die Borstenspitzen können den Schmutz regelrecht vom Boden schneiden.

**Merke:**
**Der richtige Anpressdruck ist für das Reinigungsergebnis sehr wichtig! Aber durch Erhöhung des Anpressdrucks wird nicht gleichzeitig die Reinigungsleistung erhöht.**

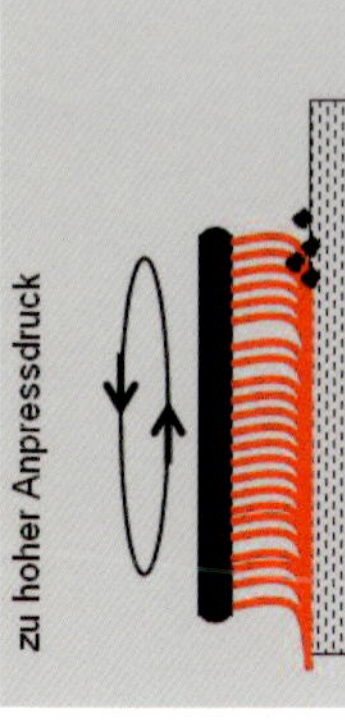

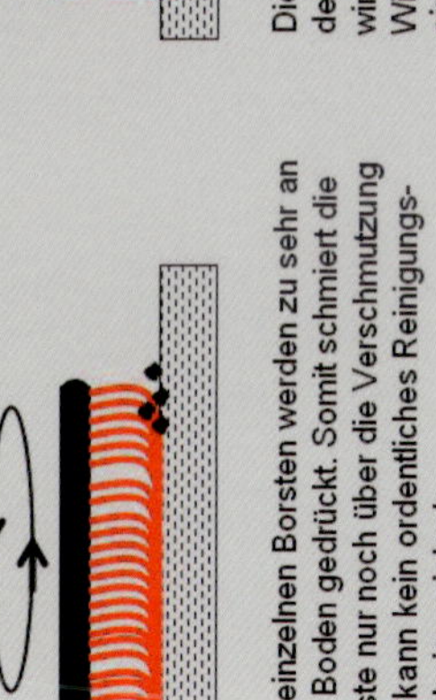
zu hoher Anpressdruck
Die einzelnen Borsten werden zu sehr an den Boden gedrückt. Somit schmiert die Bürste nur noch über die Verschmutzung und kann kein ordentliches Reinigungsergebnis erzielen!
richtiger Anpressdruck
Die einzelnen Borsten werden nur an den Spitzen leicht gedrückt. Dadurch wird der Schmutz mit einer federnden Wirkung regelrecht weggeschnippt und ein perfektes Reinigungsergebnis erzielt!
Ausnahme:
Bei einer Siliziumkarbid Bürste darf die einzelne Borste stärker geknickt werden, damit die Schmiergelteilchen besser arbeiten können!

(Quelle: Hako)

## 10.7 Wahl des richtigen Schrubbwerkzeuges

Beim Einsatz von Reinigungsmaschinen besteht die Wahl der Schrubbwerkzeuge aus den Komponenten

- Maschinenpad,
- Tellerbürste,
- und Walzenbürste.

Ausschlaggebend für die Wahl des Werkzeuges ist der jeweilige Einsatz des Reinigungsautomaten.

**Grundsätzlich gilt:**

Je tiefer die zu reinigende Oberfläche ist, desto eher sollte man auf ein Bürstenwerkzeug zurückgreifen. Je glatter die Oberflächen jedoch sind, desto eher sollte man sich für ein Maschinenpad entscheiden.
Da allerdings oftmals verschieden strukturierte Werkstoffe miteinander kombiniert werden, ist es meist unabdingbar, in den jeweiligen Objekten Musterflächen mit unterschiedlichen Schrubbwerkzeugen anzulegen, um dadurch den bestmöglichen Kompromiss für das jeweilige Objekt zu finden.

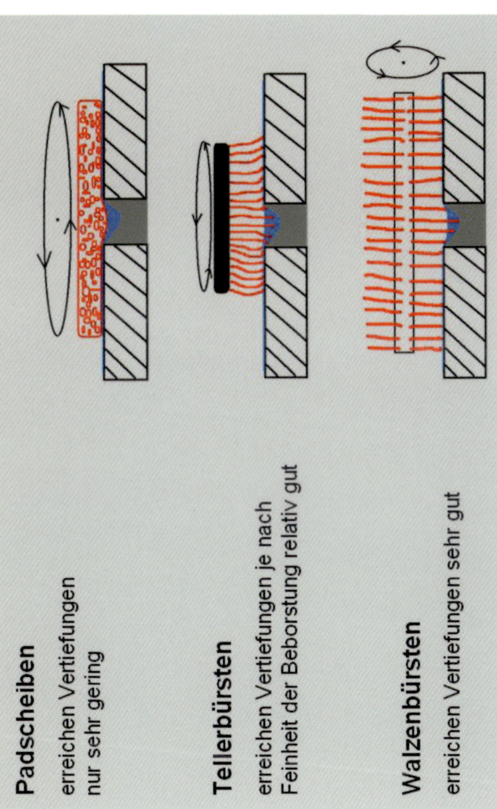
Padscheiben
erreichen Vertiefungen
nur sehr gering
Tellerbürsten
erreichen Vertiefungen je nach
Feinheit der Beborstung relativ gut
Walzenbürsten
erreichen Vertiefungen sehr gut

(Quelle: Hako)

## 10.8 Reinigungsroboter

Roboter sind Maschinen, die sich selbstständig bewegen und verschiedene Tätigkeiten durchführen können.

In der Gebäudereinigung werden Reinigungsroboter verwendet, dessen Basis (vereinfacht gesprochen) ein klassischer Scheuersaugautomat ist, der durch Sensorik und weiteren Hilfsmitteln Oberflächen nach vorgegebenen Parametern reinigen kann.

# 11. Leistungskennzahlen

Leistungskennzahlen bilden Sachverhalte zahlenmäßig ab. Voraussetzung dafür ist, dass diese Sachverhalte messbar und zählbar sind.



Die Leistungskennzahl, also die messbare Arbeitsmenge in $m^2/h$ ist abhängig vom Faktor Mensch als Individuum. Dieser bestimmt die Einzelleistung in Abhängigkeit von

- der körperlichen Verfassung der Reinigungskraft
- der Tagesverfassung der eingesetzten Reinigungskraft
- dem Ausbildungsstand der Reinigungskraft
- den Wegezeiten im Revier
- den Wegezeiten zur Ver- und Entsorgung von Reinigungsmitteln, Werkzeugen, Schmutzflotte sowie der Müll- und Wertstoffentsorgung
- der Organisation der Reinigung
  - Revierplanung
  - Reviergröße
  - Organisation des Reinigungswerkzeuges
- Objektstandort
- Objektzustand
- Objektbestückung
- Reinigungsequipment (hier vor allem der Einsatz von Reinigungsmaschinen – Maschineneinsatz geht vor Personaleinsatz. Die Anschaffungskosten für

eine Reinigungsmaschine spielen aufgrund der unterschiedlichen Möglichkeiten der Finanzierung für die Ermittlung von Leistungswerten keine Rolle), die in der Summe die Leistungskennzahl ergibt.

**ACHTUNG!**

Die Gesamtleistungskennzahl setzt sich aus mehreren Tätigkeiten zusammen, die wie folgt zu beachten sind:

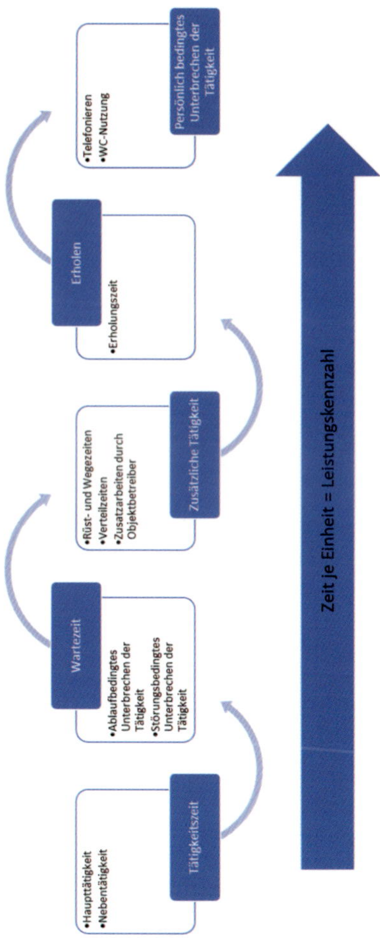
Tätigkeitszeit
•Haupttätigkeit
•Nebentätigkeit
Wartezeit
•Ablaufbedingtes Unterbrechen der Tätigkeit
•Störungsbedingtes Unterbrechen der Tätigkeit
Zusätzliche Tätigkeit
•Rüst- und Wegezeiten
•Verteilzeiten
•Zusatzarbeiten durch Objektbetreiber
Erholen
•Erholungszeit
Persönlich bedingtes Unterbrechen der Tätigkeit
•Telefonieren
•WC-Nutzung
Zeit je Einheit = Leistungskennzahl

Leistungskennzahlen sind immer objektbezogen, können aber nach folgendem Schema klassifiziert werden.

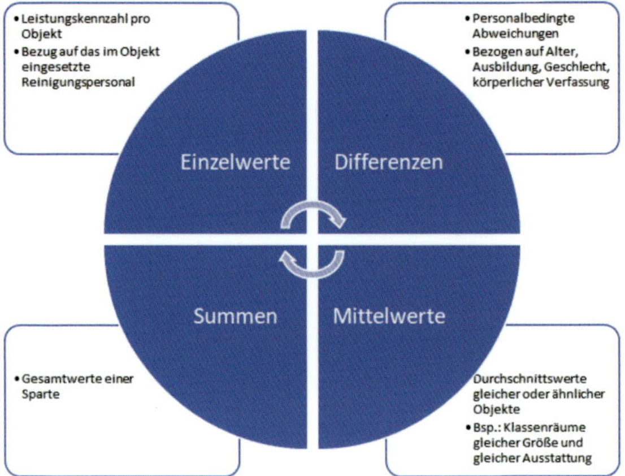

# 12. Dokumentationen und Berichtswesen

Das Wesen der Dokumentation besteht darin, Informationen jeglicher Art zur Verwendung in der Zukunft aufzubereiten, zu strukturieren und zu konservieren.

Hierzu zählen:

- Eine Leistungsbestimmung, entweder durch ein Leistungsverzeichnis oder Ergebnisbeschreibung im Rahmen der ergebnisorientierten Reinigung.
- Raumbücher mit Flächenangaben und Werkstoffbeschreibungen.
- Personal- und Materialeinsatz.
- Besonderheiten.

# 13. Kontrollmöglichkeiten

Wenn die Qualität von Reinigung und Reinigungsarbeiten gemessen wird, dann besteht die Möglichkeit, mittels Veränderungen ein Ergebnis herbeizuführen, das qualitativ höherwertig (sauberer) ist, leichter zu erreichen (Verbesserung der Leistungskennzahl) ist, Veränderungen dem Mitarbeiter verständlich erklärt werden können und eine höhere Kundenzufriedenheit entsteht. Kontrollen sollen möglichst objektiv durchgeführt werden können.



Möglichkeiten der Eigenkontrolle:

- **Visuelle Eigenkontrolle mit Bewertungsbögen**

  Visuelle Bewertung von Oberflächen durch Inaugenscheinnahme mithilfe von vorbereiteten und individuell angepassten Checklisten analoger oder digitaler Art.

- **UV-Pen**

  Bei der Kontrolle mittels UV-Pen wird eine Oberfläche unmittelbar vor der Reinigung mit einer fluorzierenden Flüssigkeit gekennzeichnet. Nach erfolgter Reinigung kann überprüft werden, ob die fluorzierende Farbe von der Oberfläche im Bereich der Markierung entfernt wurde.

Je nach Werkstoff und verwendetem Reinigungsmittel in Verbindung mit einer zu langen Einwirkzeit ist eine Entfernung der fluorzierenden Farbe jedoch nicht mehr vollständig möglich.

Hieraus folgt der Nachteil, dass bei der Kontrolle mittels UV-Pen der psychologische Faktor des „Erwischt werden!“ in den Vordergrund rückt.

- **ATP-Test mit Clean Card**

Was ist ATP? ATP ist ein Energiemolekül, welches in allen lebenden Zellen vorhanden ist. Dies betrifft somit alles organische Material einschließlich Blut, Speichel und Bakterien. Deshalb ist der Nachweis von ATP auf Oberflächen nach dem Reinigungsprozess ein Indikator für die Qualität der Reinigung. Je weniger ATP auf den Oberflächen nachgewiesen werden kann, desto besser war die Reinigung und desto geringer ist die Wahrscheinlichkeit, einen Nährboden für Mikroorganismen hinterlassen zu haben.

Die Clean Card ist ein Proteintest. Das Messprinzip dieses Abreibetests beruht auf einem Farbumschlag, dessen Intensität eine semiquantitative und -qualitative Bestimmung erlaubt.

Das Test-Pad reagiert auf alle Proteinreste und proteinähnliche Teilstrukturen.

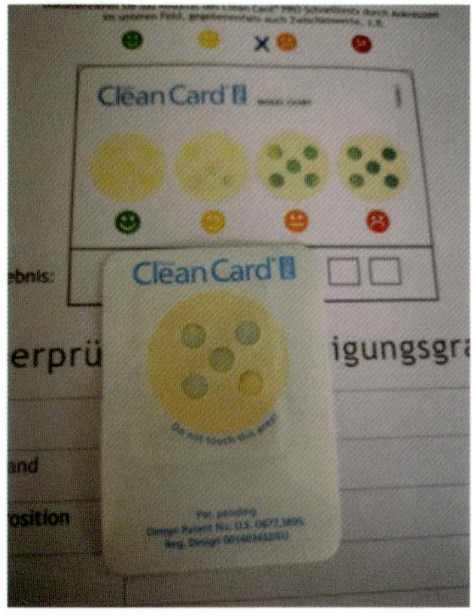


Die Bewertung des Ergebnisses erfolgt danach visuell.

- **ATP-Test mit Lumitester**

Die ATP-Messung mit Biolumineszenztechnik erfolgt über einen Oberflächentest, der im Test Luciferase und Luciferin enthalten, ein Enzym und eine chemische Substanz, welche eine Biolumineszenzreaktion (Licht) auslösen, wenn sie mit ATP in Kontakt kommen.

Die Auswertung erfolgt in einem Messgerät, das ein Ergebnis in RLU (Relative Light Units) anzeigt.

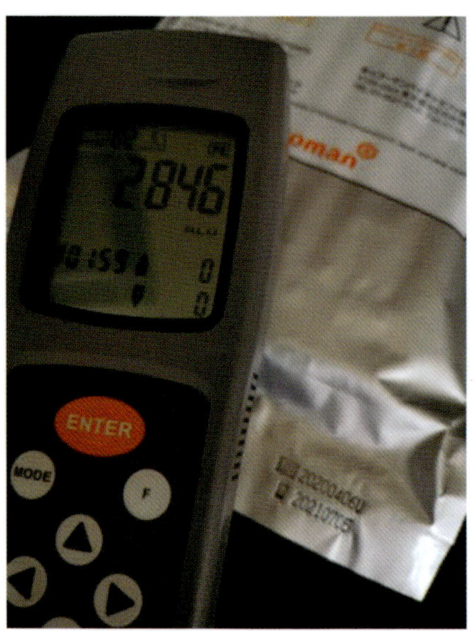


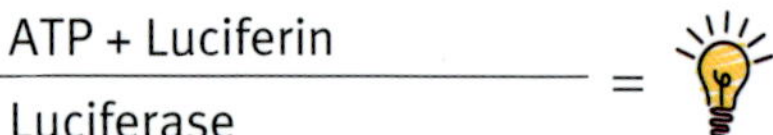


Je mehr ATP, desto höher die gemessenen Lichteinheiten.
Hohe RLU = Hohe Verschmutzung (mit Eiweißrückständen)!

# 14. Checklisten

14.1 Grundreinigung
14.2 Teppichreinigung
14.3 Beschichtung
14.4 Glasreinigung
14.5 Personaleinstellung



Die nachfolgenden Checklisten sollen dazu dienen, die genannten Tätigkeiten schnell und sicher ausführen zu können. Je nach Objekt sind diese Listen zu ergänzen und/oder zu variieren.

Ergänzend zu den Checklisten sollte Band 2 der Ratgeberreihe „Gebäudereinigung kompakt – Schritt-für-Schritt-Anleitungen in Wort und Bild" Beachtung finden.

Die Checkliste „Personaleinstellung" soll lediglich als Anhalt dafür gedacht sein, wo Personal beschafft werden kann, um Personalengpässe zu vermeiden und damit schnelles Handeln nach Objektübernahme zu gewährleisten.

## 14.1 Grundreinigung elastischer Bodenbeläge

1. Bodenbelag prüfen (um welche Art von Bodenbelag handelt es sich, liegen die entsprechenden Pflegeanleitungen vor?).
2. Reinigungsmittel wählen.
3. Beschichtungsmittel mit dem vom Kunden gewünschten Glanzgrad wählen, eventuell anhand einer Musterfläche verdeutlichen.
4. Material bereitstellen gemäß Materialliste in „Gebäudereinigung kompakt“.
5. Beim Einsatz von Gefahrstoffen Betriebsanweisungen erstellen und Personal unterweisen (Unterweisungsnachweis führen).
6. Terminabsprache mit dem Kunden treffen.
7. Vorbereitende Maßnahmen beim Kunden organisieren (Ausräumen, Schlüsselempfang).

## 14.2 Teppichreinigung

1. Bodenbelag prüfen (um was für einen Teppich handelt es sich? Reinigungsfähig? Wie ist der Untergrund beschaffen? Ist die Verklebung feuchtigkeitsbeständig?).
2. Reinigungsmittel wählen.
3. Reinigungsmethode wählen.
4. Material bereitstellen gemäß Materialliste in „Gebäudereinigung kompakt“.
5. Beim Einsatz von Gefahrstoffen Betriebsanweisungen erstellen und Personal unterweisen (Unterweisungsnachweis führen).
6. Terminabsprache mit dem Kunden treffen.
7. Vorbereitende Maßnahmen beim Kunden organisieren (Ausräumen, Schlüsselempfang).

## 14.3 Beschichtung

1. Bodenbelag prüfen (um welche Art von Bodenbelag handelt es sich, liegen die entsprechenden Pflegeanleitungen vor?).
2. Reinigungsmittel wählen.
3. Beschichtungsmittel mit dem vom Kunden gewünschten Glanzgrad wählen, eventuell anhand einer Musterfläche verdeutlichen.
4. Material bereitstellen gemäß Materialliste in „Gebäudereinigung kompakt".
5. Beim Einsatz von Gefahrstoffen Betriebsanweisungen erstellen und Personal unterweisen (Unterweisungsnachweis führen).
6. Terminabsprache mit dem Kunden treffen.
7. Vorbereitende Maßnahmen beim Kunden organisieren (Ausräumen, Schlüsselempfang).
8. Welcher Glanzgrad wird vom Kunden gewünscht? (Anlegen einer Musterfläche zur Verdeutlichung)

## 14.4 Glasreinigung

1. Glasart prüfen (um welche Art von Glas handelt es sich, liegen die entsprechenden Pflegeanleitungen vor? Sind Beschädigungen vorhanden?).

2. Reinigungsmittel wählen.

3. Material bereitstellen (siehe hierzu auch Band 2 der Ratgeberreihe „Gebäudereinigung kompakt – Schritt-für-Schritt-Anleitungen in Wort und Bild“, Seite 7ff.)

4. Beim Einsatz von Gefahrstoffen Betriebsanweisungen erstellen und Personal unterweisen (Unterweisungsnachweis führen).

5. Terminabsprache mit dem Kunden treffen.

6. Vorbereitende Maßnahmen beim Kunden organi-sieren (Schlüsselempfang, Freiräumen von Fensterbänken etc).

## 14.5 Personaleinstellung

1. Ausbildungsvoraussetzungen prüfen
   - Wird ausgebildetes Fachpersonal benötigt?
   - Welche Qualifikation soll das gesuchte Reinigungspersonal mitbringen?
   - Wer schult und unterweist das neue Personal?

2. Personalbeschaffungsmaßnahmen wählen, z. B.:
   - Zeitungsannonce
   - Internet
   - Aushang am schwarzen Brett von Supermärkten etc.
   - Ausschreibung der Stelle bei den Arbeitsagenturen

3. Unterweisung des Personals in das Objekt

4. Nachweisliche Unterweisung im Umgang mit Reinigungsmitteln (Gefahrstoffen)

5. Nach Personalauswahl
   - Erstellen von Personalbögen
   - Erstellen von Arbeitsverträgen
   - Anmeldung bei Krankenkassen etc.

**Sascha Hintze**, geboren am 7.11.1973 in Kamp-Lintfort, tritt nach dem Abitur und der Ausbildung zum Offizier im Jahr 2000 in den Betrieb der Schwiegereltern ein. Schnell entpuppt sich der Beruf des Gebäudereinigers bei Hintze als Berufung. Nach Absolvierung der Meisterschule folgt die Sachverständigenausbildung mit anschließender Zertifizierung nach DIN ISO/EN 17024. Im Jahr 2007 erfolgt die Gründung des „Sachverständigenbüro für Gebäudereinigung & Entwicklung" in Duisburg. Sascha Hintze kümmert sich neben seiner Tätigkeit als Gutachter auch landesweit als freier Dozent für Dienstleister und Institutionen um die Aus- und Weiterbildung von Quereinsteigern in der Gebäudereinigung. Darüber hinaus ist er als freier Berater für Auftraggeber und Dienstleister zur Reinigungs- und Kostenoptimierung von Objekten tätig.

Sachverständigenbüro
für Gebäudereinigung & Entwicklung

Sascha Hintze

Postfach 28 11 01
47249 Duisburg
Telefon 02 03 / 79 17 17
Telefax 02 03 / 935 73 23
Mobil 01 77 / 779 17 17
hintze@sachverstaendigenbuero-hintze.de
www.sachverstaendigenbuero-hintze.de

# Bildernachweis:

1. Dolly Produktions- und Handelsgesellschaft mbH
   www.dolly-reinigungsbedarf.de

2. Günzburger Steigtechnik GmbH
   www.steigtechnik.de

3. Haaga Kehrsysteme GmbH
   www.haaga-gmbh.de

4. Hako-Werke GmbH
   www.hako.com

5. Fakir-Hausgeräte GmbH
   www.fakir.de

6. Nilfisk-Advance AG
   www.nilfisk.de

7. Pfennig Reinigungstechnik GmbH
   www.pps-pfennig.de